英語で読む

クマのプーさん

Winnie-the-Pooh

A. A. Milne
原作

牛原眞弓
翻訳

船田秀佳
英語解説

カバー・本文イラスト
E・H・シェパード
●
英文リライト
イクラス・アブドゥル・ハディ
●
録音スタジオ
巧芸創作
●
ナレーション
ハワード・コルフィールド

はじめに

「朝起きたらね、プー」と、ピグレットがやっと口を開きました。「まず最初に考えることって何？」

「朝ごはんは何にしよう、かな」と、プー。「きみはどう、ピグレット？」

「そうだな、今日はどんなわくわくすることがあるかなあ、って思うんだ」と、ピグレット。

プーは考えこむようにして、うなずきました。

「それって、同じことだね」と、プーは言いました。

物語のラスト、夕焼けのなかで家路につくプーとピグレットの会話です。なんて素敵な会話でしょう。このさりげない言葉のうちに、幸福は日々のささやかな営みのなかにあるという、作者の思いがこめられているように感じます。

『くまのプーさん』は1926年、A・A・ミルンによって書かれ、E・H・シェパードによる味わい深い挿絵とともに、出版後まもなく大評判になりました。その後何十年も多くの子どもたちに読みつがれてきましたが、やがて1966年、ディズニーによるプーが登場し、原作と少しちがうところがあるものの、プーの人気はさらに不動のものとなったのです。

これほどプーが子どもたちに愛されるのは、いったいなぜでしょう？もちろん、挿絵のかわいらしさは言うまでもありません。でも、やはりプーと仲間たちのキャラクターや、彼らが織りなす世界の魅力に引きこまれるからだと思います。プーは「頭のよくないクマ（a bear of very little brain）」ですが、楽しい歌や詩を作ったり、おもしろい言いまちがいをしたり、突拍子もないことを考えたりします。失敗して落ちこんだときも、クリストファー・ロビンに「おばかなクマさん（silly old bear）」とやさしく慰められ、「世界一のクマ（the best bear in the world）だよ」とほめられると、たちまち元気になります。そのようなプーに、子どもたちは自分の姿を投影し、安心するのかもしれません。そしてクリストファー・ロビンの存在は、プーたちを愛情深く包む父親・母親の役割を果たしています。なんといっても、「クリストファー・ロビンがいれば安心」なのですから。

そんなプーにとって一番の楽しみは、「何か一口食べること（have a little something）」です。何かとはもちろん、ハチミツやコンデンスミルクのことですね。さまざまな事件に巻きこまれていても、プーにとってはこれが大切ですし、これがあれば満足なのです。そういうものがあることは、本当に幸せなことではないでしょうか。ごきげんなプーは、クリストファー・ロビンが見守る百エーカーの森で、ピグレットやラビットやイーヨーという個性的な仲間たちとともに、わくわくする毎日を送っているのです。

この作品は、父親である作者ミルンが、幼い息子クリストファー・ロビンに、大好きなクマのぬいぐるみを主人公にしたお話をする、という設定で描かれています。微笑ましい親子の姿が目に浮かびますが、後年、世間の目にさらされることに苦悩したクリストファー・ロビンは、父親とのあいだに距離を置くようになりました。残念なことですが、おとなしい性格のクリストファー・ロビンにとっては、つらい環境だったのかもしれません。彼が過去を乗り越え、父親の作品を改めて受け入れることができたのは、ミルンが亡くなって十数年後のことでした。

そういう悲しい出来事もありましたが、それでもプーと仲間たちは、世界中の子どもたちの心のなかに、そして昔子どもだった大人たちの心のなかに、いまも変わることなく住みつづけ、元気で愉快に暮らしているのです。愉快といえば、ダジャレや言葉遊びを日本語に置きかえるのはなかなか大変で、石井桃子さんをはじめ、翻訳者たちが苦労してきたところです。今回も訳出するにあたり、ユーモアをできるだけ生かすよう努力しましたが、力の及ばないところはルビや訳注をつけました。やさしく書きなおされた英文と合わせてご覧いただき、おもしろさを味わっていただければと願っています。わたしも訳しながら、おかしな言いまちがいに思わず吹き出し、楽しい歌に心が弾みました。また、シェパードの温かみのある挿絵を見るたびに胸がほっこりし、前向きなプーたちから元気をたくさんもらいました。みなさんも日々の暮らしに少し疲れたときや、心が沈むときには、何か一口食べながら（have a little something）、百エーカーの森を訪れてみませんか？　きっと、プーとその仲間たちが、「やあ！（Hallo!）*」と迎えてくれるにちがいありません。

訳者　牛原眞弓

* hallo：もとは猟犬へのかけ声で、のちに挨拶の言葉に転じた。hello はその変形。

Contents

本書の構成

本書は、

- □ 英日対訳による本文
- □ 欄外の語注
- □ 覚えておきたい英語表現
- □ MP3形式の英文音声

で構成されています。

本書は、「クマのプーさん」をやさしい英語で書きあらためた本文に、日本語訳をつけました。

各ページの下部には、英語を読み進める上で助けとなるよう単語・熟語の意味が掲載されています。また左右ページは、段落のはじまりが対応していますので、日本語を読んで英語を確認するという読み方もスムーズにできるようになっています。またシーンごとに英語解説がありますので、本文を楽しんだ後に、英語の使い方などをチェックしていただくのに最適です。

付属のCD-ROMについて

本書に付属のCD-ROMに収録されている音声は、パソコンや携帯音楽プレーヤーなどで再生することができるMP3ファイル形式です。一般的な音楽CDプレーヤーでは再生できませんので、ご注意ください。

■音声ファイルについて

付属のCD-ROMには、本書の英語パートの朗読音声が収録されています。本文左ページに出てくるヘッドホンマーク内の数字とファイル名の数字がそれぞれ対応しています。

パソコンや携帯プレーヤーで、お好きな箇所を繰り返し聴いていただくことで、発音のチェックだけでなく、英語で物語を理解する力が自然に身に付きます。

■音声ファイルの利用方法について

CD-ROMをパソコンのCD/DVDドライブに入れて、iTunesなどの音楽再生（管理）ソフトにCD-ROM上の音声ファイルを取り込んでご利用ください。

■パソコンの音楽再生ソフトへの取り込みについて

パソコンにMP3形式の音声ファイルを再生できるアプリケーションがインストールされていることをご確認ください。

通常のオーディオCDと異なり、CD-ROMをパソコンのCD/DVDドライブに入れても、多くの場合音楽再生ソフトは自動的に起動しません。ご自分でアプリケーションを直接起動して、「ファイル」メニューから「ライブラリに追加」したり、再生ソフトのウインドウ上にファイルをマウスでドラッグ&ドロップするなどして取り込んでください。

音楽再生ソフトの詳しい操作方法や、携帯音楽プレーヤーへのファイルの転送方法については、ソフトやプレーヤーに付属のマニュアルやオンラインヘルプで確認するか、アプリケーションの開発元にお問い合わせください。

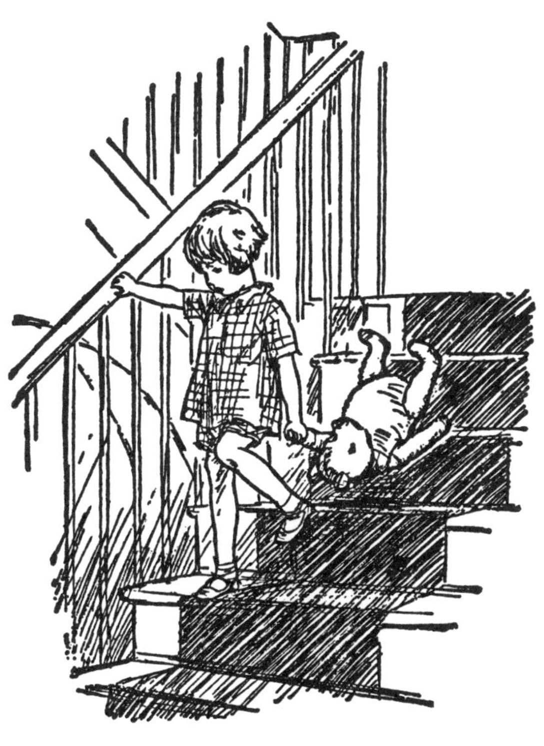

To Her

Hand in hand we come
Christopher Robin and I
To lay this book in your lap.
Say you're surprised?
Say you like it?
Say it's just what you wanted?
Because it's yours—
Because we love you.

■hand in hand 手を取り合って ■lap 名 ひざ ■say 間 ねえ、教えて

彼女*へ

手に手をとってやってくる
　　クリストファー・ロビンとわたし
この本をあなたのひざにおくために。
　　　　びっくりした？
　　　　気に入った？
　　　　欲しいものになった？
　　　　　　だって、これはあなたのものだから——
　　　　　　だって、わたしたちはあなたが大好きだから。

＊ 彼女：作者の妻ダフネ・ミルンのこと

CHAPTER ONE

In which we are introduced to Winnie-the-Pooh and some Bees, and the stories begin

Here is Edward Bear coming down the stairs. Bump, bump, bump. He thinks it is the only way to go downstairs. Sometimes he thinks there is another way. Then he thinks maybe there isn't. And here he is with Christopher Robin, ready to be introduced. Winnie-the-Pooh.

When I heard his name, I said, "I thought he was a boy?"

"So did I," said Christopher Robin.

"You don't call him Winnie?"

"I don't."

"But you said—"

"He's Winnie-ther-Pooh. Don't you know what '*ther*' means?"

"Ah, yes, now I do," I said quickly.

Sometimes Winnie-the-Pooh wants a game when he comes downstairs. Sometimes he wants a story. This evening—

■in which《ここでは先行詞（the story/the chapterなど）が省略されている》 ■bee 図ミツバチ ■here is ～がいる ■go downstairs 階段をおりる ■so do I 私もそうだ

第1章

ウィニー・ザ・プーとミツバチを紹介して、お話がはじまる

ぬいぐるみのクマが階段をおりてきます。バタン、バタン、バタン。こうしておりるしかないと思っているのです。ときどき、ほかにも方法があるような気がします。でもそのあと、やっぱりないや、と思うのです。さあ、クリストファー・ロビンといっしょにやってきましたから、ご紹介しましょう。ウィニー・ザ・プーです。

この名前をきいたとき、わたしは言いました。「男の子だと思ってたんだけどね？」

「ぼくもそう思ってたよ」と、クリストファー・ロビンが言いました。

「ウィニーっていうんだろう？」

「ちがうよ」

「でも、さっき——」

「ウィニー・ザー・プーだよ。『ザー』の意味がわからないの？」

「ああ、そうか、それでわかったよ」わたしはあわてて言いました。

ウィニー・ザ・プーは下におりると、ときどきゲームをしたがります。また、お話をききたがるときもあります。さて、今夜は——。

In which we are introduced to Winnie-the-Pooh and some Bees, and the stories begin

"Could you tell Winnie-the-Pooh a story, please?"

"Maybe," I said. "What type of stories does he like?"

"He likes stories about himself."

"Oh, I see."

"So could you, please?"

"I'll try," I said.

So I tried.

* * *

Once upon a time, Winnie-the-Pooh lived in a forest under the name of Sanders.

(*"What does 'under the name' mean?" asked Christopher Robin.*

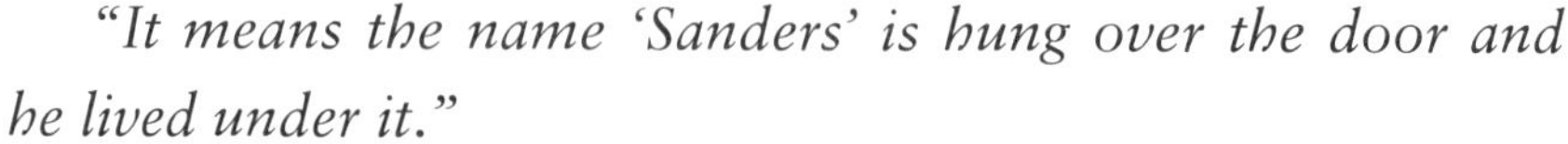

"It means the name 'Sanders' is hung over the door and he lived under it."

"Winnie-the-Pooh wasn't sure," said Christopher Robin.

"Now I am," said a growly voice.

"Then I will continue," said I.)

■could you ~?　～してもらえますか？　■I see　なるほど　■once upon a time　昔々
■be not sure　わからない　■growly 形うなり声のような

ウィニー・ザ・プーとミツバチを紹介して、お話がはじまる

「ウィニー・ザ・プーにお話をしてもらえる？」

「そうだねえ」と、わたしは言いました。「プーはどんなお話が好きなのかな？」

「自分のお話が好きなんだよ」

「ほう、なるほど」

「じゃあ、してくれる？」

「よし、やってみよう」と、わたし。

それで、話してみることになりました。

＊　＊　＊

昔々、ウィニー・ザ・プーは森のなかで、サンダースの名のもとに住んでいました。

（「『名のもとに』って、どういう意味？」と、クリストファー・ロビンがききました。

「それはね、『サンダース』という名前の表札が入口の上にかかっていて、プーはその下に住んでいたんだよ」

「ウィニー・ザ・プーがわからないって言ったから、きいたんだ」と、クリストファー・ロビン。

「もう、わかったよ」と、動物のうなるような声がしました。

「それじゃあ、お話を続けようか」と、わたしは言いました。）

One day he was out walking, and he found a place in the middle of the forest. In the middle of this place was a large oak tree. On top of that tree was a loud buzzing-noise.

Winnie-the-Pooh sat down and began to think.

First he said: “That buzzing-noise means somebody is making a buzzing-noise. And you make a buzzing-noise if you are a bee.”

He thought for a long time, and said: “Bees make honey.”

Then he got up, and said: “And bees make honey so *I* can eat it.” So he began to climb the tree.

He climbed
and he climbed
and he climbed.
As he climbed
he sang
a song:

■buzzing-noise 名 ブンブンという音 ■get up 立ち上がる ■as 接 ～しながら

ウィニー・ザ・プーとミツバチを紹介して、
お話がはじまる

ある日、プーが外を歩いていると、森のまんなかに原っぱを見つけました。その原っぱのまんなかに、大きなカシの木がありました。その木のてっぺんから、ブンブンと大きな音がしています。

ウィニー・ザ・プーはすわりこんで、考えはじめました。

まず、プーはこう言いました。「あのブンブンという音は、だれかがブンブンと音をたててるんだ。それで、ブンブンと音をたてるのは、ミツバチだからだ」

プーは長いあいだ考えてから、言いました。「ミツバチはハチミツを作るんだ」

それから、立ちあがって言いました。「それで、ミツバチがハチミツを作るのは、ぼくが食べられるようにだよ」そこで、プーは木にのぼりはじめました。

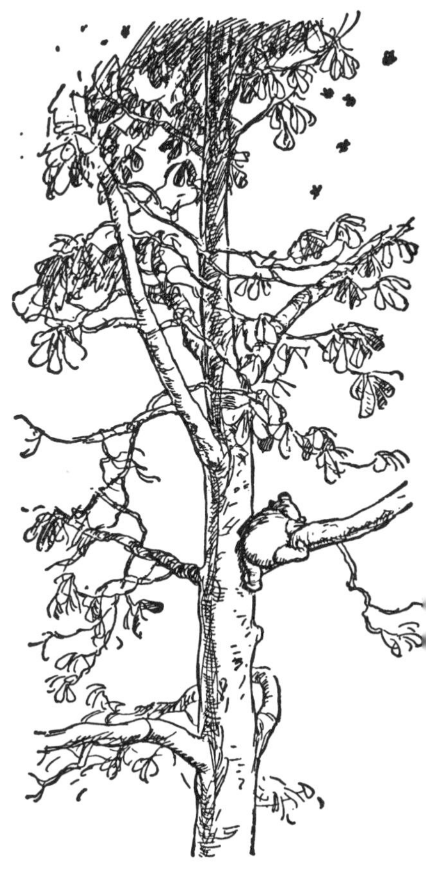

プーはのぼって
それからもっとのぼって
それからもっとのぼりました。
そしてプーはのぼりながら
ひとつの歌を
歌いました。

Isn't it funny
How a bear likes honey?
Buzz! Buzz! Buzz!
I wonder why he does?

He climbed higher . . . and higher . . . and then higher. By that time he had a new song.

It's funny to think that if Bears were Bees,
They would build their nests at the *bottom* of trees.
If that is true (if Bees were Bears),
We would not have to climb up all these stairs.

He was almost there now. If he stood on that branch . . .

Crack!

"Oh, help!" said Pooh as he fell to the branch below.

"If only—" he said, as he fell to the next branch.

"What I *wanted* to do," he explained, as he crashed to another branch below.

■wonder 動疑問に思う　■nest 名巣　■branch 名枝　■crack 名割れ、ひび（が入る音）　■if only ～でさえあれば

おもしろいだろ？
クマは　こんなに　ハチミツが好き。
ブン！　ブン！　ブン！
どうして　こんなに　好きなのかな？

プーは高く……もっと高く……さらに高くのぼりました。そのころには、また新しい歌ができました。

おもしろいね、もしクマが　ミツバチだったら、
木の下に　巣を作るだろうね。
そうなったら（もしミツバチが　クマだったら）、
こんなに上まで　のぼらなくていいのにね。

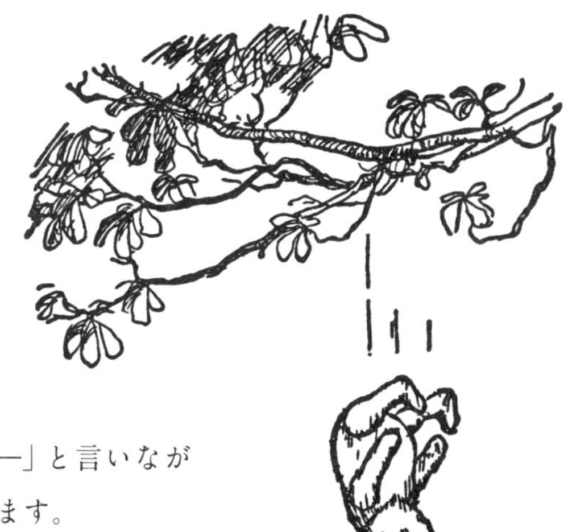

プーはもう、すぐそこまでやってきました。さあ、あの枝に足をのせたら……。

ポキン！

「わあ、助けてえ！」と叫びながら、プーは下の枝へ落ちていきました。

「あんなことさえしなきゃ――」と言いながら、プーは次の枝へ落ちていきます。

「でも、ぼくがしたかったのは」と説明しながら、もうひとつ下の枝にぶつかります。

"It is all because," he decided, as he landed in a bush, "it is all because I *like* honey so much. Oh, help!"

He crawled out of the bush and he began to think again. The first person he thought about was Christopher Robin.

(*"Was that me?" said a surprised Christopher Robin.*

"That was you."

Christopher Robin said nothing, but his eyes grew large, and his face turned pink.)

So Winnie-the-Pooh visited his friend Christopher Robin. His friend lived behind a green door in another part of the Forest.

"Good morning, Christopher Robin," he said.

"Good morning, Winnie-*ther*-Pooh," said you.

"I was wondering if you had a balloon?"

"A balloon?"

"Yes."

■land 動（地面に）落ちる ■crawl out 這い出る ■wonder if ～ではないかと思う

「これもみんな」と、自分に言いきかせながら、とうとう茂みのなかへ突っこみました。「ハチミツが好きすぎるからなんだ。ああ、助けて！」

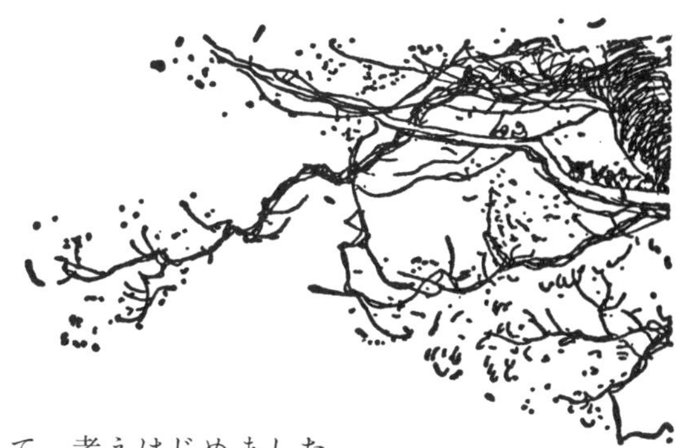

プーは茂みから這いだして、考えはじめました。
最初に頭に浮かんだ人は、クリストファー・ロビンでした。

（「それって、ぼく？」と、クリストファー・ロビンがびっくりして言いました。

「ああ、きみだよ」

クリストファー・ロビンは何も言いませんでした。でも、目を大きく見開き、頬をピンク色に染めました。）

そこで、ウィニー・ザ・プーは、友だちのクリストファー・ロビンの家を訪ねました。この友だちは、森のほかのところで、緑色の扉の家に住んでいるのです。

「おはよう、クリストファー・ロビン」と、プーが言いました。

「おはよう、ウィニー・ザー・プー」と、きみが言いました。

「風船をもってないかな、と思ったんだけど」

「風船？」

「うん」

"Why do you want a balloon?" you said.

Winnie-the-Pooh checked that nobody was listening. He put his paw to his mouth, and said in a whisper: "*Honey!*"

"But you don't get honey with balloons!"

"*I* do," said Pooh.

Well, yesterday you went to a party at Piglet's house and there were balloons at the party. You had a big green balloon. One of Rabbit's family members had a big blue balloon, but left it behind. So you brought home the green *and* the blue balloons.

"Which one would you like?" you asked Pooh.

He put his head between his paws and thought carefully.

"Well," he said. "When you go after honey, you must not let the bees know you're coming. With a green balloon, the bees might think you were part of the tree.

"With a blue balloon, they might think you were part of the sky. But which is better?"

"Wouldn't they see *you* with the balloon?" you asked.

■paw 名（動物の）手、足 ■whisper 名 ささやき声 ■leave ~ behind ～を忘れていく
■well 間 ええと ■go after ~を求める

ウィニー・ザ・プーとミツバチを紹介して、お話がはじまる

「どうして風船がほしいの？」と、きみが言います。

ウィニー・ザ・プーは、だれもきいていないか確かめました。そして口に手を当てて、小さな声で言いました。「ハチミツだよ！」

「でも、風船でハチミツなんてとれないよ！」

「ぼくなら、とれるんだ」と、プー。

じつは昨日、子ブタのピグレットの家のパーティーに行ったのですが、そこでみんなに風船が配られたのです。きみは大きな緑色の風船をもらいました。ウサギのラビットの親戚の子は、大きな青い風船をもらいましたが、忘れてかえってしまいました。それで、きみは緑と青の風船をもってかえったのです。

「どっちがいい？」と、きみはプーにききました。

プーは頬杖をついて、じっくり考えました。

「ええとね」と、プーが言います。「ハチミツをとりにいくときは、ミツバチに気づかれちゃだめなんだ。緑の風船をもってれば、ぼくを木だと思うかもしれないよ。

青い風船をもってれば、ぼくを空だと思うかもしれない。だけど、どっちのほうがいいかなあ」

「風船をもってるきみに、気づかないかな？」と、きみがききました。

"They might or they might not," said Winnie-the-Pooh. "You never know with bees." He thought for a moment and said: "I will try to look like a small black cloud. That will trick them."

"Then you should take the blue balloon," you said.

03 You both left the house with the blue balloon. You also took your gun, like always. Winnie-the-Pooh went to a muddy place. He rolled and rolled until he was black all over. The balloon was blown up very big and you and Pooh held on to the string.

And then you let go. Pooh Bear floated up into the sky, and stayed there. But he was too far from the tree.

"Hooray!" you shouted.

"What do I look like?" shouted Winnie-the-Pooh.

"You look like a Bear holding on to a balloon," you said.

■never 副 ～のはずはない ■for a moment しばらくの間 ■muddy 形 泥だらけの ■all over 全体にわたって ■blow up ふくらませる ■float up into the sky 空へ浮かんでいく ■hooray 間 やった

「気づくかもしれないし、気づかないかもしれない」と、ウィニー・ザ・プー。「ミツバチのことは、よくわからないからね」プーはしばらく考えてから、こう言いました。「ぼく、小さな黒い雲のふりをしてみよう。そしたら、ミツバチをだませるよ」

「それじゃ、青い風船にしたほうがいいね」と、きみは言いました。

きみたちは青い風船をもって出かけました。きみはいつものように、鉄砲ももっていきます。ウィニー・ザ・プーは泥のあるところへ行きました。そして、体じゅうが真っ黒になるまで、ごろごろ転がりました。風船を思いきり大きくふくらませると、きみとプーのふたりで糸をしっかりとつかみました。

それから、きみがぱっと手をはなしました。クマのプーは空へ浮かんでいき、空中でとまりました。でも、あの木からは、かなりはなれたところです。

「やったー！」きみが大声をあげました。

「ぼく、どんなふうに見える？」と、ウィニー・ザ・プーが大きな声でききました。

「風船にぶらさがったクマに見えるよ」と、きみ。

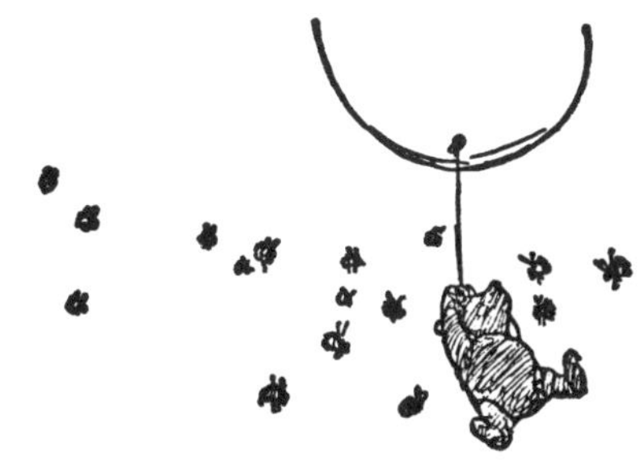

"Not like a small black cloud in a blue sky?" said Pooh anxiously.

"No."

"Maybe it looks different from up here. You never know with bees."

There was no wind to blow him closer to the tree. He could see the honey, he could smell the honey, but he couldn't reach the honey.

After a while he called in a loud whisper.

"Christopher Robin!"

"Yes!"

"I think the bees *suspect* something!"

"What do they suspect?"

"I don't know. But I think they're *suspicious*!"

"Maybe they think you're after their honey?"

"Maybe. You never know with bees."

There was another silence. And then he called down again.

"Christopher Robin!"

"Yes?"

"Do you have an umbrella in your house?"

"I think so."

■anxiously 副不安そうに ■from up here この高さから ■suspect 動疑う
■suspicious 形疑っている

「青い空にうかんだ小さな黒い雲に見えない？」と、プーは不安そうです。

「うーん、見えないな」

「ここからなら、ちがって見えるかも。ミツバチのことは、よくわからないからね」

その日は、木のほうへ吹きとばしてくれる風もありません。ハチミツが見えるし、いいにおいもしますが、手が届かないのです。

しばらくたつと、プーは大きな、でも、ひそひそ声のつもりで言いました。

「クリストファー・ロビン！」

「なあに！」

「ハチたちが、なんだか、疑ってるみたいなんだ！」

「何を疑ってるの？」

「わからないけど。でも、疑ってるような気がする」

「きみがハチミツをねらってるって思ってるのかも」

「たぶんね。ミツバチのことは、よくわからないからね」

またしばらく、しーんとしました。それから、プーが下に呼びかけました。

「クリストファー・ロビン！」

「なあに？」

「きみのうちに傘はある？」

「あると思うけど」

"Could you bring your umbrella and walk around with it? Then look up at me and say, 'Tut-tut, it looks like rain.' I think if you did that, it would help trick these bees."

You laughed to yourself, "Silly old Bear!" But you didn't say it out loud because you loved him, and you went home for your umbrella.

"Oh, there you are!" called Winnie-the-Pooh, when you got back to the tree. "I was getting anxious. These bees are definitely Suspicious."

"Shall I open my umbrella?" you said.

"Yes, but the important bee to trick is the Queen Bee. Can you see the Queen Bee from down there?"

"No."

"Too bad. Then can you walk around with your umbrella, saying 'Tut-tut, it looks like rain'? I will sing a Cloud Song... Go!"

So, you walked around and wondered if it would rain. Winnie-the-Pooh sang:

How sweet to be a Cloud
　Floating in the Blue!
Every little cloud
Always sings out loud.

■tut-tut 間 ちぇっ ■laugh to oneself 心の中で笑う ■old 形 おなじみの、愛すべき ■say ~ out loud ~を声に出して言う ■there you are そこにいたのか ■definitely 副 たしかに ■how 副 何と~なんだろう

「じゃあ傘をもってきて、それをさしながら歩きまわってくれる？　それから、ぼくを見あげて、『ちぇっ、雨らしいや』って言ってよ。そうしてくれたら、このハチたちをだませると思うんだ」

きみは心のなかで笑って、「おばかなクマさん！」と思いました。でも、プーのことが大好きだから、そんなことは口に出さず、家へ傘をとりにいきました。

「ああ、やっと来てくれた！」きみが木のところにもどってくると、ウィニー・ザ・プーは言いました。「心配になってたんだよ。このハチたちは、たしかに疑ってるよ」

「傘をさそうか？」と、きみ。

「うん、でも、まずだまさなきゃいけないのは女王バチだよ。そこから、女王バチが見える？」

「ううん」

「ざんねん。じゃあ、傘をさして歩きまわりながら、『ちぇっ、雨らしいや』って言ってくれる？　ぼくは雲の歌を歌うからね……さあ、はじめるよ！」

それで、きみは歩きまわって、雨がふりそうだな、と心配するふりをしました。そのあいだ、ウィニー・ザ・プーは歌います。

雲になるって　とってもすてき
　　青いお空に　ぷーかぷか！
小さな雲は　いつだって
歌いださずに　いられない。

"How sweet to be a Cloud
    Floating in the Blue!"
It makes him very proud
To be a little cloud.

The bees buzzed even more suspiciously.

"Christopher—*ow!*—Robin," called the cloud.

"Yes?"

"*These are the wrong type of bees.*"

"Are they?"

"Yes. And I think they make the wrong type of honey."

"Do they?"

"Yes. So I will come down."

"How?" asked you.

Winnie-the-Pooh had not thought about this. If he let go of the string, he would fall—*bump*—and he didn't like that. So he thought for a long time. Then he said:

"Christopher Robin, you must shoot the balloon with your gun."

"But if I do that, it will break the balloon," you said.

"But if you *don't*," said Pooh, "I have to let go, and that would break me."

So you pointed your gun at the balloon carefully, and shot.

■even more　ますます　■come down　下におりる　■let go of　～から手をはなす
■string　名糸　■point a gun at　～に鉄砲のねらいを定める

「雲になるって　とってもすてき
　青いお空に　ぷーかぷか！」
小さな雲に　なれたなら
自慢したくて　たまらない。

ミツバチたちは、ますます疑わしそうに、ブンブンと音をたてています。

「クリストファー――わあ！――ロビン！」と、雲が叫びました。

「なあに？」

「このハチは、なんだか、ちがうハチだよ」

「そうなの？」

「うん。だから、ちがうハチミツを作ってると思うんだ」

「そうなの？」

「うん。だから、下におりるよ」

「どうやって？」と、きみはききました。

ウィニー・ザ・プーは、そこまで考えていませんでした。もし糸をはなしたら、落っこちて――ドシン！――となってしまいます。そんなのはいやでした。そこでプーは長いあいだ考えました。そして、こう言いました。

「クリストファー・ロビン、きみの鉄砲で風船をうって」

「でも、そうしたら、風船がわれちゃうよ」と、きみは言いました。

「でも、そうしなかったら」と、プー。「風船から手をはなして、ぼくがわれちゃうよ」

そこで、きみは鉄砲で風船をしっかりねらって、うちました。

"*Ow!*" said Pooh.

"Did I miss?" you asked.

"You missed *the balloon*," said Pooh.

"I'm so sorry," you said. You shot again, and this time you hit the balloon. The air came out, and Winnie-the-Pooh floated down.

His arms were stiff from holding the balloon for so long. They stayed up for over a week. Whenever a fly sat on his nose he had to blow it off.

And I think *that* is why he was called Pooh.

* * *

"Is that the end?" asked Christopher Robin.

"That's the end of this story. There are other stories."

"About Pooh and Me?"

"And Piglet and Rabbit and all of you. Do you remember?"

■miss 動的をはずす ■stiff 形こわばった ■stay up そのままでいる ■whenever 接～するときはいつでも ■fly 名ハエ ■blow ~ off ～を吹き飛ばす

「アイタッ！」と、プーが声をあげました。

「はずしちゃった？」きみはききました。

「風船からは、はずれた」と、プー。

「ごめんね」と、きみ。それからもう一度うち、今度は風船に当たりました。空気がしゅーっと出て、ウィニー・ザ・プーは、ふわふわとおりてきました。

あんまり長いあいだ風船にぶらさがっていたせいで、プーの腕はかたくなってしまいました。一週間以上もそのままです。ハエが鼻にとまると、プーと息を吹いて追い払わなくてはなりません。

それで、このクマはプーというのだと、わたしは思いますけれどね。

＊　＊　＊

「それでおしまい？」と、クリストファー・ロビンがききました。

「このお話はおしまいだよ。まだ、ほかのもあるけどね」

「プーとぼくの？」

「それに、ピグレットと、きみたちみんなのお話さ。おぼえてるかい？」

"I remember, but sometimes I forget."

"That day when Pooh and Piglet tried to catch the Heffalump—"

"They didn't catch it, right?"

"No."

"Did *I* catch it?"

"Well, that's part of the story."

Christopher Robin nodded.

"I remember," he said, "but Pooh doesn't. That's why he likes listening to the stories. Because then they become real."

"That's just how *I* feel," I said.

Christopher Robin sighed deeply, picked his bear up by the leg and walked toward the door. Then he turned and said, "Coming to see me have my bath?"

"Maybe," I said.

"Did I hurt him when I shot him?"

"Not at all."

He nodded and went out...and in a moment I heard Winnie-the-Pooh—*bump*, *bump*, *bump*—going up the stairs behind him.

■right? 間 そうだよね？ ■nod 動 うなずく ■sigh 動 ため息をつく ■pick ~ up by …をつかんで～を持ち上げる ■have one's bath （人が）入浴する ■not at all 少しも（ない）

「おぼえてるよ。でも、ときどき忘れちゃうんだ」

「ある日、プーとピグレットがヘッファランプ*をつかまえようとして——」

「つかまらなかったよね？」

「ああ、そうだよ」

「ぼくはどう？　つかまえた？」

「そうだねえ、それもお話に出てくるよ」

クリストファー・ロビンはうなずきました。

「おぼえてるよ」と言います。「でも、プーはおぼえてないんだ。だからお話をきくのが好きなんだよ。だって、きいてると、ほんとにあったことになるんだ」

「なるほど、そのとおりだね」と、わたしは言いました。

クリストファー・ロビンは、ふーっとため息をつくと、クマの足をつかんで拾いあげ、ドアのほうへ歩いていきました。それから、ふり向いて言いました。「ぼくがおふろに入るの、見にくる？」

「たぶんね」と、わたし。

「ぼくが鉄砲をうったとき、プーは、いたくなかった？」

「ちっとも」

クリストファー・ロビンはうなずいて、部屋を出ていきました……するとすぐに、ウィニー・ザ・プーがあとについて階段をのぼっていく音が——バタン、バタン、バタン——ときこえたのでした。

＊ ヘッファランプ：elephant（ゾウ）に似た架空の動物

04

CHAPTER TWO

In which Pooh goes visiting and gets into a tight place

One day, Edward Bear (or Winnie-the-Pooh, or Pooh for short) was taking a walk and humming to himself. He had made up a little hum that morning when he was doing his Stoutness Exercises: *Tra-la-la, tra-la-la,* as he stretched up high. Then *Tra-la-la*, *tra-la—oh*, *help*!—*la*, as he tried to reach his toes. He repeated the hum until he knew it by heart. Now he hummed it properly. It went:

Tra-la-la, tra-la-la,
Rum-tum-tiddle-um-tum.
Tiddle-iddle, tiddle-iddle,
Rum-tum-tum-tiddle-um.

■make up 作り出す ■hum 名 鼻歌 ■stretch up 体をのばす ■toe 名 つま先 ■properly 副 まちがいなく

第2章

プーが友だちの家をたずねて、せまいところにつまってしまう

ある日、ぬいぐるみのクマ（または、ウィニー・ザ・プー、または、略してプー）は、散歩をしながら、小さな声で鼻歌を歌っていました。その朝、太りすぎ体操をしていると、短い歌ができたのです。タラ・ラ・ラ、タラ・ラ・ラ、と歌いながら、体をうーんと上へのばします。それから、タラ・ラ・ラ、タラ・ラ――ああ、きつい！――ラ、と歌いながら、手をつま先につけようとするのです。くりかえし歌っているうちに、すっかりおぼえてしまいました。いまではもう、まちがいなく歌えます。こんなふうに。

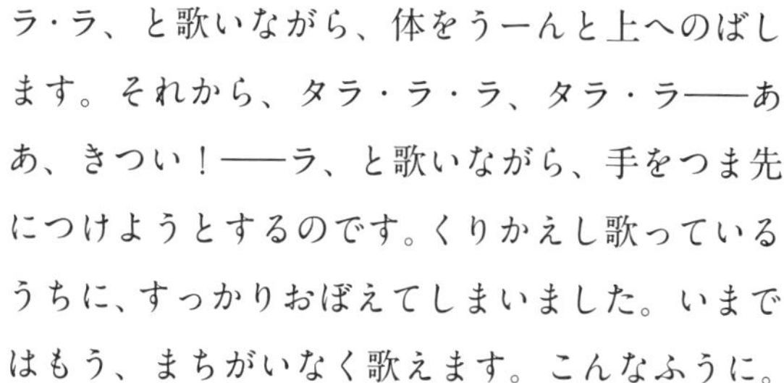

タラ・ラ・ラ、タラ・ラ・ラ、
ラン・タン・ティドゥル・アン・タン、
ティドゥル・イドゥル、ティドゥル・イドゥル、
ラン・タン・タン・ティドゥル・アン。

He was happily humming this to himself while walking. Suddenly, he came to a large hole.

"Aha!" said Pooh. (*Rum-tum-tiddle-um-tum.*) "That hole means Rabbit," he said, "and Rabbit means Company," he said, "and Company means Food and Listening-to-Me-Humming. *Rum-tum-tum-tiddle-um.*"

So he put his head into the hole, and called out:

"Is anybody home?"

A noise came from inside the hole, and then silence.

"I said, 'Anybody home?'" called out Pooh loudly.

"No!" said a voice; and then, "Don't shout. I heard you the first time."

"Bother!" said Pooh. "Is there nobody here?"

"Nobody."

Winnie-the-Pooh thought to himself, "There must be somebody there. Somebody must have *said* 'Nobody.'"

So he said:

"Hallo, Rabbit, is that you?"

"No," said Rabbit, in a different voice.

"But isn't that Rabbit's voice?"

"I don't *think* so," said Rabbit. "It isn't *meant* to be."

■company 名 仲間 ■call out 呼びかける ■bother 間 まったくもう ■think to oneself 心の中で思う

プーが友だちの家をたずねて、せまいところにつまってしまう

プーは楽しそうに小さな声で歌いながら、歩いていました。するととつぜん、大きな穴に出くわしたのです。

「ハハーン！」と、プーは言いました。(頭のなかでは、ラン・タン・ティドゥル・アン・タン、と歌っているのですが)。「穴があるってことは、ラビットだ」と言います。「それで、ラビットといえば、仲間だ」さらに言います。「それで、仲間といえば、食べものをくれて、歌をきいてくれるんだ。ラン・タン・タン・ティドゥル・アン」

そこで、プーは穴のなかに頭を突っこむと、こう呼びかけました。

「だれかいますか？」

穴のなかから物音がしましたが、それからまた、しーんとなりました。

「『だれかいますか？』って、言ったんだけど」と、プーは大声で呼びました。

「いないよ！」と、声がしました。それから、「そんな大声出さないでくれ。はじめから、きこえてるんだから」

「まったくもう！」と、プー。「だれもいないの？」

「だれもいないよ」

ウィニー・ザ・プーは心のなかで考えました。「だれかいるにちがいないや。『だれもいないよ』って、だれかが言ったはずなんだから」

そこで、プーは言いました。

「おーい、ラビット、きみだろ？」

「ちがうよ」と、ラビットは声を変えて言いました。

「でも、それって、ラビットの声じゃないの？」

「そうは思わないね」と、ラビット。「そうじゃないはずだけど」

"Oh!" said Pooh. "Well, could you please tell me where Rabbit is?"

"He went to see his friend Pooh Bear."

"But that is Me!" said Bear, surprised.

"What sort of Me?"

"Pooh Bear."

"Are you sure?" said Rabbit.

"Very sure," said Pooh.

"Then, come in."

So Pooh pushed and pushed and pushed his way through the hole, and got in.

"It *is* you," said Rabbit. "Glad to see you."

"Who did you think it was?"

"I wasn't sure. But I had to be *careful* living here in the forest. Do you want to eat something?"

■could you please　～してもらえませんか　■what sort of　どのような　■push one's way through　～を押し分けて進む

「えー！」と、プー。「じゃあ、ラビットはどこにいるか教えてもらえませんか」

「友だちの、クマのプーに会いにいったよ」

「でも、それはぼくだよ！」と、クマはびっくりして言いました。

「どんなぼくさ？」

「クマのプーだよ」

「ほんとに？」と、ラビットが言いました。

「ほんとに、ほんとだよ」と、プー。

「じゃ、入りなよ」

そこで、プーは穴のなかへ体を押しこんで、もっと押しこんで、さらに押しこんで、やっと入りました。

「やあ、あんたか」と、ラビットが言いました。「会えてうれしいよ」

「だれだと思ったの？」

「さあ、わからないね。だけど、森に住んでたら、うんと気をつけなきゃいけないのさ。何か食べるかい？」

Pooh always liked to have something to eat, so he was glad when Rabbit took out the plates and mugs. When Rabbit said, "Honey or condensed milk with your bread?" Pooh became excited. He said, "Both, but I don't need the bread." And then he ate silently for a long time . . . until finally, he got up. He shook Rabbit's paw lovingly, and said that he must leave.

"Must you?" said Rabbit politely.

"Well," said Pooh, "I could stay longer if you—" He looked around for more food.

"Actually," said Rabbit, "I was also leaving."

"Oh, then, I will also leave. Good-bye."

"Well, good-bye, if you won't have any more."

"*Is* there any more?" asked Pooh quickly.

Rabbit showed the dishes, and said, "No, there isn't."

"I thought so," said Pooh, nodding. "Well, good-bye, I must leave."

So he began climbing out of the hole. He pushed and pulled, and soon his nose was out in the open again . . . and then his ears . . . and then his front paws . . . and then his shoulders . . . and then—

■take out 取り出す ■get up 立ち上がる ■lovingly 副愛情をこめて ■actually 副実は

プーが友だちの家をたずねて、
せまいところにつまってしまう

プーはいつだって食べるのが好きですから、ラビットがお皿とコップを出すのを見て、うれしくなりました。ラビットが、「パンにはハチミツをつけるかい？　それともコンデンスミルク？」と言うと、プーはもう、うきうきしてきました。それで、「どっちもつけて。でも、パンはなくてもいいよ」と言いました。それから、ものも言わずに、えんえんと食べつづけたのです……そしてようやく、プーは立ちあがりました。ラビットと仲よく握手して、もう帰らなきゃ、と言いました。

「どうしてもかい？」と、ラビットが、型どおりのあいさつをしました。

「ええと」と、プー。「もっといてもいいよ、もしまだ――」そして、もう食べ物がないか、あたりを見まわしました。

「じつはさ」と、ラビット。「おいらも出かけるところだったんだ」

「ああ、それじゃ、ぼくも帰るよ。さよなら」

「うん、さよなら。もう食べないんならね」

「まだあるの？」と、プーがすぐさま、ききかえしました。

ラビットはお皿を見せて言いました。「いや、もうないよ」

「そうだと思った」と、プーは言って、うなずきました。「じゃ、さよなら。ぼく、帰らなきゃ」

それで、プーは穴から這いでようとしました。体を押したり、引いたりしていると、鼻がやっと外に出ました……それから耳が出て……それから手が……肩が……それから――

"Oh, help, I'm stuck!" said Pooh. "Oh, help *and* bother!"

Now, by this time Rabbit wanted to go for a walk too. He saw that the front door was full, so he went out the back door. Outside, he met Pooh.

"Hallo, are you stuck?" he asked.

"N-no," said Pooh. "Just resting and thinking and humming to myself."

"Here, give me your paw."

Pooh Bear gave his paw. Rabbit pulled and pulled and pulled . . .

"*Ow!*" cried Pooh. "It hurts!"

"You're stuck," said Rabbit.

"It's because," said Pooh crossly, "your front doors aren't big enough."

"It's because you ate too much," said Rabbit sternly. "Well, I shall go and fetch Christopher Robin."

■stuck 形行きづまった ■go for a walk 散歩にいく ■crossly 副すねて ■sternly 副きびしく ■fetch 動呼んでくる

「わあ、助けて、つまっちゃった！」と、プーは言いました。「ああ、助けて。まったくもう！」

さて、このころになると、ラビットも散歩にいきたくなってきました。でも表の入口がふさがっているのを見て、裏口から外へ出ました。そして外から、プーと顔を合わせました。

「おーい、つまってるのか？」と、ラビットがききました。

「う、ううん」とプーは言います。「ちょっと休んで、考えごとしたり、鼻歌を歌ったりしてるだけだよ」

「ほら、手をかしてみろよ」

クマのプーは手をさしだしました。ラビットがその手を引いて、もっと引いて、さらに引いて……

「うう！」プーが悲鳴をあげました。「いたいよ！」

「やっぱり、つまったんじゃないか」と、ラビット。

「それというのも」と、プーは、すねたように言いました。「きみのうちの入口が、十分大きくないせいだよ」

「それというのも、あんたが食べすぎたせいさ」と、ラビットがきびしい声で言いました。「しかたないな、クリストファー・ロビンを呼んでくるよ」

Christopher Robin came with Rabbit. When he saw the front half of Pooh, he said, "Silly old Bear," in a loving voice. Everybody felt hopeful again.

"I was just thinking," said Bear, sniffing, "that Rabbit might never use his front door again."

"Of course he'll use his front door again." said Christopher Robin.

"Good," said Rabbit.

"If we can't pull you out, Pooh, we could push you in."

Rabbit scratched his whiskers thoughtfully. He said that if Pooh was pushed inside, he might stay inside forever and—

"You mean I'd *never* get out?" said Pooh.

"I mean," said Rabbit, "you're already *so* far out, we shouldn't push you in again."

Christopher Robin nodded.

"There's only one thing to do," he said. "We have to wait for you to get thin again."

"How long does that take?" asked Pooh anxiously.

"About a week."

"But I can't stay here for a *week*!"

"You can definitely *stay* here, silly old Bear. Getting you out is the difficult part."

■front half of ～の前半分　■sniff 動鼻をすする　■whisker 名（動物の）ひげ　■so far この点[程度]まで　■get thin やせる

プーが友だちの家をたずねて、
せまいところにつまってしまう

クリストファー・ロビンが、ラビットといっしょにやってきました。そしてプーの体の前半分を見ると、やさしい声で「おばかなクマさん」と言いました。みんなはまた、明るい気持ちになりました。

「ぼく、思ってたんだけど」と、プーが鼻をすすりながら言いました。「ラビットはもう、この入口を使えないんじゃないかな」

「もちろん、入口はまた使えるよ」と、クリストファー・ロビンは言いました。

「そりゃ、よかった」と、ラビット。

「引っぱり出せないんなら、押しこめばいいんだけどさ、プー」

ラビットはひげをこすりながら、考え考え、こう言いました。もし押しこんだら、プーは永遠になかにいることになる、そしたら――

「ぼくはもう、ずっと外に出られないってこと？」と、プーが言いました。

「つまりさ」と、ラビット。「もうここまで出てるんだから、またなかに押しこむのは、やめたほうがいいんじゃないか」

クリストファー・ロビンがうなずきました。

「方法はひとつだね」と言いました。「またやせるまで待つしかないよ」

「それって、どれくらいかかる？」と、プーが不安そうにききました。

「一週間くらいかな」

「でも、ぼく、一週間もここにいられないよ！」

「まちがいなく、いられるよ、おばかなクマさん。ここから出すのがむずかしいんだよ」

"We'll read to you," said Rabbit cheerfully.

"And I hope you *don't* mind," he added. "if I use your back legs as a towel-rack? They aren't doing anything and it would be good to hang towels on them."

"A week!" said Pooh gloomily. "*What about food?*"

"No food," said Christopher Robin, "because you need to get thinner. But we *will* read to you."

A tear rolled down his eye, and Bear said:

"Would you read me a Sustaining Book? It would make me very happy."

So for a week Christopher Robin read that type of book to Pooh's head.

And Rabbit hung his towels on Pooh's legs . . . and Bear felt himself get thinner and thinner. At the end of the week Christopher Robin said, "*Now!*"

He held Pooh's front paws and Rabbit held Christopher Robin, and Rabbit's friends and family held Rabbit. And they all pulled . . .

■cheerfully 副楽しげに ■mind 動気にする ■gloomily 副憂鬱そうに ■roll down 転がり落ちる ■get -er and -er だんだん～になる

「本でも読んでやるよ」と、ラビットがおかしそうに言いました。

「それから、よかったらだけどさ」と、つけ加えます。「あんたの足をタオルかけに使ってもいいかな？　どうせ使わないんだしさ、タオルかけにぴったりだろ」

「一週間も！」と、プーは悲しそうに言いました。「ごはんはどうするの？」

「食べちゃだめだよ」と、クリストファー・ロビン。「やせなきゃいけないんだから。そのかわり、本を読んであげるからね」

ひと粒の涙が、プーの目からこぼれ落ちました。そして、こう言いました。

「元気が出る本を読んでくれる？　そしたら気分がよくなると思うから」

そこで一週間のあいだ、クリストファー・ロビンはそういう本を、プーの頭に向かって読んであげました。

そして、ラビットはプーの足にタオルをかけました……やがて、クマは自分でも、だんだん、やせていくのがわかりました。一週間たつと、クリストファー・ロビンが言いました。「さあ、いまだ！」

クリストファー・ロビンがプーの両手をつかみ、ラビットがクリストファー・ロビンをつかみ、ラビットの友だちと親戚がラビットをつかみました。そして、みんなで引っぱります……

Pooh said "*Ow!*"...

And "*Oh!*"...

And then, he said "*Pop!*"

And Christopher Robin and Rabbit and Rabbit's friends and family all fell over backwards...and then came Winnie-the-Pooh—free!

He thanked his friends, and went on with his walk. He hummed proudly to himself. Christopher Robin watched him lovingly. He said, "Silly old Bear!"

■fall over backwards 後ろにひっくり返る ■go on with ～をつづける

プーは「うう！」と言い……

そして「ああ！」と言い……

それから、「スポン！」と言いました。

すると、クリストファー・ロビンも、ラビットも、ラビットの友だちも親戚も、みんな後ろにひっくり返って……ついにウィニー・ザ・プーが出てきました——自由になったのです！

プーは友だちにお礼を言うと、また散歩をつづけました。得意そうに鼻歌を歌っています。クリストファー・ロビンはそんなプーを、いとおしそうに見つめました。そして、こう言いました。「おばかなクマさん！」

覚えておきたい英語表現

Chapter One

And here he is with Christopher Robin, ready to be introduced. (p.12, 4行目)
さあ、クリストファー・ロビンといっしょにやってきましたから、ご紹介しましょう。

[解説] readyは「心の準備ができている」という意味です。本文では、ready to be introducedで「紹介される心の準備ができている」という意味になります。このように「心的状態を表す形容詞＋to＋動詞の原形」で、どんな気持ちで行為を行うのかを表すことができます。

例文では、ready以外に、keen(熱望して)、willing(喜んで)、afraid(恐れて)をあげておきます。

[例文] Mr. Carter is ready to go with our plan.
(カーターさんは私たちの計画に乗り気です)

She is keen to study abroad in Canada.
(彼女はカナダ留学を熱望しています)

I'm willing to give him a helping hand.
(彼のために喜んでひと肌ぬぎましょう)

I'm afraid to tell her the truth.
(彼女に本当のことを伝えるのが怖いです)

On top of that tree was a loud buzzing-noise. (p.16, 3行目)
その木のてっぺんから、ブンブンと大きな音がしています。

[解説] 英語の文は、通常、「主語＋動詞」の語順ですが、特定の語句を強調するために、この語順を逆にして、動詞が主語の前に置かれる場合があります。本文では、場所を表す前置詞句が文頭に出されています。

[例文] In the box were cookies.
(箱の中にはクッキーが入っていました)

Below the bank is the post office.
（銀行の下は郵便局です）

Behind the coffee shop is the bookstore.
（喫茶店の後ろは本屋です）

Here comes our bus.
（バスが来ました）

★否定語の倒置の例も見ておきましょう。

Never have I drunk such a delicious wine.
（こんなに美味しいワインを飲んだことがありません）

Little did I realize how expensive this vase was.
（この花瓶がどんなに高価なのか認識していませんでした）

Under no circumstances could we agree to his plans.
（どんなことがあっても私たちは彼の計画には同意できません）

Not a soul was to be seen.
（人っ子一人見られませんでした）

With a green balloon, the bees might think you were part of the tree.
With a blue balloon, they might think you were part of the sky. （p.22, 下から6行目）
緑の風船をもってれば、ぼくを木だと思うかもしれないよ。
青い風船をもってれば、ぼくを空だと思うかもしれない。

［解説］ 仮定法と聞けばifを思い起こしますが、ここではifを用いない仮定法の用法です。「緑の風船をもってれば」「青い風船をもってれば」というのは、「今は実際には風船をもっていない」ということです。ifが使われない仮定法の用法としては、with以外にwithoutや不定詞が使われる場合もあります。

［例文］ With more money, I would buy a condominium.
（もっとお金があったら、分譲マンションを買えるのに）

覚えておきたい英語表現

With a little more practice, you would be a good speaker of English.
（もう少し練習すれば、あなたは英語をうまく話せるようになるでしょう）

Without your help, I would not have finished my term paper.
（あなたの助けがなかったら、学期末レポートを仕上げることができなったでしょう）

To hear him speak, you would think that the American economy is getting better.
（彼が話すのを聞けば、アメリカ経済はよくなっていると思うでしょう）

That will trick them. (p.24, 3行目)
そしたらミツバチをだませるよ。

［解説］英語の「主語＋述語」の構造では、行為者としての主語が無生物の場合がよくあります。なぜなら英語話者は、原因–結果の因果律で出来事を解釈するために、原因が無生物であっても、主語とすることはごく自然だと感じているからです。一方、日本語では無生物主語の言い方はあまり発達しておらず、人間を主語にした言い方が好まれるために、無生物主語の英文を日本語に直すときは、人間を主語にして「…ので」「…のために」のような原因や理由を表す表現を用いると自然な言い方になります。

［例文］The No. 18 bus will take you to 42nd Street.
（18番のバスに乗れば42番街に行けます）

Our city has five libraries.
（私たちの町には図書館が５つあります）

What motivated you to study linguistics?
（言語学を勉強しようと思った動機は何ですか）

What makes you think so?
（なぜそう思うのですか）

※ Why do (did) you 〜？と you を主語にした言い方よりも What を主語にした言い方の方が客観的な理由を尋ねることになり、感情的なしこりを生じさせません。

CHAPTER TWO

There must be somebody there. Somebody must have *said* 'Nobody.' (p.38, 下から7行目)

だれかいるにちがいないや。『だれもいないよ』って、だれかが言ったはずなんだから。

［解説］ 助動詞mustの用法を見てみましょう。助動詞には動詞に話者のさまざまな気持ちを添える働きがあります。 mustは「～しなければならない」（義務、必要性）「～に違いない」（推量）、must have＋過去分詞は「～したに違いない」（推量）という意味を表します。

［例文］ You must output the data by ten o'clock.
（10時までにデータを出力しなければなりません）

I'm afraid I must be going.
（そろそろお暇します）

Excuse me. You must be Mr. Carter.
（すみません。カーターさんですね）

He must have studied hard for the midterm exams.
（彼は中間試験のために一生懸命勉強したに違いありません）

※ have(has) to：must が主観的な事情に基づいた義務や必要性を表すのに対して、have(has) to は客観的な事情に基づいた義務や必要性を表します。また、mustには過去形がないので、had to で代用すること、don't(doesn't) have to で「～する必要がない」という意味になることも覚えておきましょう。

I have to leave before six o'clock.
（6時前に帰らなければなりません）

We had to cancel the baseball game because of the typhoon.
（私たちは台風で野球の試合を中止しなければなりませんでした）

You don't have to attend the meeting.
（あなたは会議に出る必要はありません）

覚えておきたい英語表現

What sort of Me?（p.40, 5行目）
どんなぼくさ？

［解説］ sortは「種類」「部類」という意味です。「どんな種類の～？」にあたる英語としては、What kind of ～？が最初に思い浮かびますが、What sort of ～？も使われます。sortはkindよりもややカジュアルな響きがあります。また、sort of、kind ofは、副詞的に「ちょっと」「いくらか」「多少」という意味を表すときにも使われます。

［例文］ What sort of music do you listen to?
（どんな種類の音楽を聞きますか）

What sort of information do you need?
（どんな種類の情報が必要ですか）

I'm sort of sleepy today.
（今日はどうも眠たいです）

You look kind of pale.
（ちょっと顔色が悪いですね）

Here, give me your paw.（p.44, 8行目）
ほら、手をかしてみろよ。

［解説］ pawは爪のある動物の足を指します。日本語では「手」と訳されていても英語では、handにはなりません。犬に「お手」と言う場合もHand.ではありません。Shake a paw.またはShake.と言えばいいでしょう。ちなみに、「お座り」はSit.またはSit down.、「待て」はWait.、「伏せ」はDown.またはLie down.という英語が使われています。犬の話になりましたので、犬が使われている英語の表現を例文で見ていきましょう。

［例文］ He works like a dog for his company.
（彼は会社のために身を粉にして働いています）

It's raining cats and dogs.
（土砂降りの雨です）

You can't teach an old dog new tricks.
（老犬に新しい芸を教えることはできません）

Every dog has his day.
（待てば海路の日和あり）

I'm dog-tired.
（疲れ切っています／クタクタに疲れています）

...your front doors aren't big enough. (p.44, 下から4行目)
きみのうちの入り口が、十分大きくないせいだよ。

[解説]「十分な」という意味のenoughは形容詞で、enough money（十分なお金）のように「enough＋名詞」の語順で使われます。ところが副詞として使われるときは、常に形容詞や副詞の後に置かれ、「形容詞［副詞］＋enough」の語順になります。

[例文] This house is big enough for eight people.
（この家は８人が住むのに十分な大きさです）

Are you warm enough?
（寒くないですか）

She was kind enough to tell me the way to the station.
（彼女は親切にも駅への道を教えてくれました）

He is old enough to drive.
（彼はもう車を運転できる年です）

The ten-year-old boy was smart enough to get into college.
（その10歳の少年は大学に入れるほど頭がよかったです）

05

CHAPTER THREE

In which Pooh and Piglet go hunting and nearly catch a Woozle

Piglet lived in the middle of a grand house in the middle of a beech-tree in the forest. Next to his house was a broken board which read: "TRESPASSERS W." When Christopher Robin asked what it meant, Piglet said it was his grandfather's name. Christopher Robin said you *couldn't* be called Trespassers W. Piglet said yes, you could, because his grandfather's name was Trespassers Will, short for Trespassers William. Piglet's grandfather had two names in case he lost one.

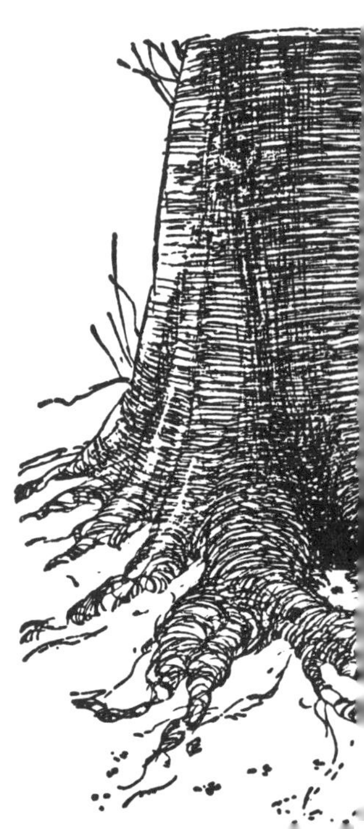

"I have two names," said Christopher Robin.

"Well, there you go," said Piglet.

■nearly 副 ～しそうになる ■grand house 大きな家
■trespasser 侵入者 ■in case ～の場合に備えて

第3章

プーとピグレットが ウーズル*をつかまえそうになる

ピグレットは、森のなかの、ブナの木のまんなかの、大きな家のまんなかに住んでいました。家の横にこわれた立札があり、「タチイリ・キ」**と書いてあります。クリストファー・ロビンがどういう意味かきくと、ピグレットは、おじいさんの名前だと答えました。クリストファー・ロビンが、「タチイリ・キ」なんて名前はないよ、と言いました。するとピグレットは、ちゃんとあるよ、だって、ぼくのおじいさんの名前は「タチイリ・キンサン」で、「タチイリ・キンシノスケ」の略なんだから、と言います。ピグレットのおじいさんは、ひとつをなくしたときのために、ふたつの名前をもっていたというのです。

「ぼくにも名前がふたつあるよ」と、クリストファー・ロビンが言いました。

「ほらね、わかっただろ」と、ピグレットは言いました。

---

* ウーズル：weasel（イタチ）に似た架空の動物

** タチイリ・キ："Trespassers will be prosecuted"「不法侵入者は訴追される（立入禁止）」という立札の板が途中で折れている

In which Pooh and Piglet go hunting
and nearly catch a Woozle

One winter's day, Piglet was brushing away the snow in front of his house. He looked up, and saw Winnie-the-Pooh. Pooh was walking around in a circle.

Piglet called to him, but Pooh just continued walking.

"Hallo!" said Piglet, "what are *you* doing?"

"Tracking something," said Winnie-the-Pooh mysteriously.

"Tracking what?" said Piglet, coming closer.

"I will know once I find it," said Winnie-the-Pooh. "Look." He pointed to the ground. "What do you see?"

"Tracks," said Piglet. "Paw-marks." He squeaked excitedly. "Oh, Pooh! Do you think it's a—a—a Woozle?"

"Maybe," said Pooh. "Sometimes it is, and sometimes it isn't. You can never tell with paw-marks."

Then he went on tracking. Piglet watched him for a few minutes, then ran after him. Winnie-the-Pooh stopped suddenly. He bent over the tracks, puzzled.

"What's the matter?" asked Piglet.

"It's funny," said Bear, "but there are *two* animals now. This—whatever-it-was—has been joined by another—whatever-it-is—and the two of them are walking together. Would you mind coming with me, Piglet, in case they are Hostile Animals?"

■once 接 ～すれば ■squeak 動 キーキー声で言う ■bend over かがむ ■puzzled 形 けげんな ■whatever 代 何か ■hostile 形 敵意のある

プーとピグレットが
ウーズルをつかまえそうになる

冬のある日、ピグレットは家の前で雪かきをしていました。ふと目をあげると、ウィニー・ザ・プーが見えました。プーはぐるぐると輪を描くように歩いています。

ピグレットが声をかけても、プーはそのまま歩きつづけます。

「おーい！」と、ピグレットは言いました。「何してるの？」

「追跡だよ」と、ウィニー・ザ・プーが意味ありげな声で言いました。

「何を追跡してるの？」と、ピグレットは近づいていきました。

「見つけたら、わかるよ」と、ウィニー・ザ・プー。「ほら、見て」と、地面を指さします。「何が見える？」

「足跡だ」と、ピグレット。「動物の足跡だ」ピグレットは興奮して、甲高い声をあげました。「ねえ、プー！それって、あ――あ――あの――ウーズルだと思う？」

「たぶん」と、プーが言います。「そうかもしれないし、そうじゃないかもしれない。動物の足跡のことは、よくわからないからね」

そして、プーは追跡をつづけました。ピグレットは数分間それを見つめてから、あとを追いかけました。ウィニー・ザ・プーが、急に立ちどまりました。足跡の上にかがみこみ、けげんそうに考えこんでいます。

「どうしたの？」と、ピグレットはききました。

「おかしいんだ」と、プー。「動物が2匹になったんだよ。この――何かわからなかったやつ――に、もう1匹の――何かわからないやつ――がまじって、2匹でいっしょに歩いてるんだ。いっしょに来てくれる、ピグレット？　危険な動物だといけないから」

Piglet said that he would be happy to come, in case it really *was* a Woozle.

"You mean, in case it really is two Woozles," said Winnie-the-Pooh. So off they went together.

It seemed that the two Woozles, if that is what they were, had been going around an area of larch-trees. So Pooh and Piglet went around this area after them. As they walked, Piglet told Pooh about Grandfather Trespassers W and how he Removed Stiffness after Tracking, and how Grandfather Trespassers W had a Shortness of Breath when he was older. Pooh wondered what a Grandfather was like and he wondered whether maybe they were tracking Two Grandfathers instead of two Woozles. If so, he wondered if he could take one Grandfather home and keep it.

Suddenly Winnie-the-Pooh stopped, and pointed excitedly. "*Look!*"

"*What?*" said Piglet with a jump.

■you mean　つまり～ということですね　■off someone go　someone go offの倒置
■instead of　～ではなく　■keep　動飼う

プーとピグレットが ウーズルをつかまえそうになる

ピグレットは、ほんとにウーズルかもしれないから、喜んでついていくよ、と言いました。

「つまり、ほんとに2匹のウーズルかもしれないから、ってことだね」と、ウィニー・ザ・プーが言いました。そこで、ふたりはいっしょに出かけました。

2匹のウーズルは、もしウーズルだったらですが、カラマツの林のあたりを歩きまわっていたようです。そこで、プーとピグレットも、あとについて歩きまわりました。歩いているあいだ、ピグレットはプーに、おじいさんの「タチイリ・キ」の話をしました。おじいさんの「タチイリ・キ」が追跡をしたあと、どうやって体をほぐしたかとか、年とってからは、息切れするようになったことなどです。プーは、おじいさんってどんなだろうと考えているうちに、自分たちが追いかけているのは、2匹のウーズルではなくて、ふたりのおじいさんかもしれないと思うようになりました。もしそうなら、おじいさんを1人もってかえって、うちで飼えるかな、と考えていました。

とつぜん、ウィニー・ザ・プーが立ちどまり、興奮しながら指さしました。「見て！」

「何？」と、ピグレットが跳びあがりました。

"The tracks!" said Pooh. "*A third animal has joined them!*"

"Pooh!" cried Piglet. "Do you think it is another Woozle?"

"No," said Pooh, "the marks are different. It is either Two Woozles and one Wizzle, or Two Wizzles and one Woozle. Let us continue to follow them."

So they continued, a little anxious now. The three unknown animals could have Hostile Intent. Piglet wished that his Grandfather T. W. were there. Pooh thought it would be nice if they met Christopher Robin accidentally, because he liked Christopher Robin so much. Suddenly, Winnie-the-Pooh stopped and licked the tip of his nose to cool himself. He was feeling hot and anxious. *There were four animals in front of them!*

"Look at the tracks! Three Woozles, and one Wizzle. *Another Woozle has joined them!*"

And so it seemed to be. The tracks were crossed and muddled together. But, it was clear that there were four sets of paws.

■let us ～しよう ■intent 名目的 ■accidentally 副たまたま ■lick 動なめる ■tip 名先端 ■muddle 動ぐちゃぐちゃにする

プーとピグレットが
ウーズルをつかまえそうになる

「足跡だ！」と、プー。「3匹目の動物が加わったんだ！」

「プー！」ピグレットが声をあげました。「それも、やっぱりウーズルだと思う？」

「ううん」と、プー。「足跡がちがうよ。2匹のウーズルと1匹のウィズル*だな。それとも、2匹のウィズルと1匹のウーズルかな。さあ、追いかけよう」

そこで、ふたりは少し不安になりながら、追跡をつづけました。正体のわからない3匹の動物は、いじわるで危険かもしれません。ピグレットは、おじいさんの「タチイリ・キ」がいてくれたらなあ、と思いました。プーのほうは、クリストファー・ロビンにたまたま会えたらいいのになあ、と思いました。だって、クリストファー・ロビンが大好きですから。するととつぜん、ウィニー・ザ・プーは立ちどまり、鼻の先をなめて、落ちつこうとしました。こわくて体が熱くなったのです。自分たちの前に、4匹の動物がいるではありませんか！

「あの足跡を見て！　3匹のウーズルと、1匹のウィズルだ。ウーズルがもう1匹ふえたんだ！」

どうやら、そのようでした。足跡はまざりあって、ぐちゃぐちゃです。でも、4匹ぶんあるのは、たしかです。

＊ ウィズル：ウーズルと同じく架空の動物

"I *think*," said Piglet, licking the tip of his nose, but not finding it comforting, "I *think* that I just remembered something. I forgot to do something yesterday that I can't do tomorrow. So I should go and do it now."

"We'll do it this afternoon. I'll come with you," said Pooh.

"You can't do it in the afternoon," said Piglet quickly. "It has to be done in the morning, and, if possible, at—What time is it?"

"About twelve," said Winnie-the-Pooh, looking at the sun.

"At, as I was saying, twelve. So, dear old Pooh, if you'll excuse me—*What's that?*"

Pooh looked up into the branches of a big oak tree.

"It's Christopher Robin," he said.

"Ah, then you'll be quite safe with *him*," said Piglet.

"Good-bye now," and he went home quickly, glad to be Out of Danger.

■find ~ comforting 〜のおかげで落ち着く ■excuse 動（退出を）許す ■quite 副すっかり

「ぼく、あの」と言いながら、ピグレットは鼻の先をなめましたが、少しも落ちつけそうにありません。「ちょっとね、何か思いだしたような気がするんだ。昨日するのを忘れてたことがあって、明日はできないんだ。だから、いますぐ帰って、やらなくちゃ」

「今日の午後にしようよ。ぼくもいっしょに行くから」と、プーが言いました。

「午後じゃだめなんだ」と、ピグレットはすばやく返しました。「朝にしなきゃいけないんだ。できれば時間も、えーと——いま何時？」

「12時くらいかな」と、ウィニー・ザ・プーが太陽を見て言いました。

「そう、そう言おうとしてたんだけど、12時にしなきゃいけないんだ。だからね、プー、悪いんだけど——あ、あれは何？」

プーが上を見あげて、大きなカシの木の枝のあいだに目をこらしました。

「クリストファー・ロビンだ」と、プーは言いました。

「ああ、クリストファー・ロビンといっしょだったら、きみはもう安心だね」と、ピグレットは言いました。

「じゃ、さよなら」と、ピグレットは、あわてて家へ帰りました。これで危険からのがれられたと大喜びです。

Christopher Robin came slowly down his tree.

"Silly old Bear," he said, "what *were* you doing? You went around the area twice by yourself. Then you and Piglet went around again together. And then you were just going around a fourth time—"

"Wait a moment," said Winnie-the-Pooh, holding up his paw.

He sat down to think. He fitted his paw into a Track . . . then he scratched his nose, and stood up.

"I see now," said Winnie-the-Pooh.

"I have been Foolish," said he, "and I am a Bear of No Brain."

"You're the Best Bear in the World," said Christopher Robin.

"Am I?" said Pooh hopefully. And then he brightened up.

"Anyhow," he said, "it is nearly Luncheon Time."

So he went home for lunch.

■by oneself ひとりで ■hold up 持ち上げる ■fit ~ into ～を…に合わせる ■brighten up 元気になる ■anyhow 副いずれにせよ ■luncheon 名昼食

プーとピグレットが
ウーズルをつかまえそうになる

クリストファー・ロビンが、ゆっくりと木からおりてきました。

「おばかなクマさん」と、クリストファー・ロビンは言いました。「何してたんだい？　きみはひとりで、このあたりを2度回ってたね。それから、ピグレットといっしょにもう1度回った。それから、ふたりで4度目を回ろうとして——」

「ちょっと待って」と、ウィニー・ザ・プーが言って、手をあげました。

プーはすわりこんで考えました。それから、自分の手を足跡に合わせました……それから、鼻をぽりぽりかいて、立ちあがりました。

「やっとわかったよ」と、ウィニー・ザ・プー。

「ぼくがばかだったんだ」と言います。「だって、頭のよくないクマだから」

「きみは世界一のクマだよ」と、クリストファー・ロビンが言いました。

「そうかな？」と、プーはうれしそうに言いました。そして、すっかり元気をとりもどしました。

「さてと」と、プー。「もうすぐお昼ごはんの時間だね」

そこで、プーはお昼ごはんを食べに家へ帰りました。

06

CHAPTER FOUR

In which Eeyore loses a tail and Pooh finds one

The Old Grey Donkey, Eeyore, stood alone in the Forest. He was thinking. Sometimes he thought sadly to himself, "Why?" and sometimes he thought, "Wherefore?"—and sometimes he didn't know what he *was* thinking about. So when Winnie-the-Pooh appeared, Eeyore was happy to stop thinking for a while. He said gloomily "How do you do?"

"And how are you?" said Winnie-the-Pooh.

"Not very how," Eeyore said, shaking his head. "I haven't felt how for a long time."

"Dear, dear," said Pooh, "I'm sorry about that. Let's take a look at you."

■tail 名しっぽ ■donkey 名ロバ ■wherefore 副なにゆえに ■for a while しばらくの間 ■take a look at ～をちょっと見る

第4章

イーヨーがしっぽをなくして、プーがそれを見つける

年をとった灰色のロバのイーヨーが、ひとりで森のなかに立っていました。イーヨーは、もの思いにふけっています。ときどき、「なぜ？」と、悲しそうにつぶやいたり、「なにゆえに？」と考えこんだりしているのです――そのうち、何について考えているのかわからなくなることもあります。だから、ウィニー・ザ・プーがやってきたとき、イーヨーはしばらく考えないですむので喜びました。イーヨーは陰気な声で言いました。「ごきげんは、いかがかね？」

「きみのほうは、ごきげんいかが？」と、ウィニー・ザ・プー。

「あんまり、ごきげんじゃないね」イーヨーは首をふりながら言います。「もう長いこと、ごきげんなんて感じたことはないよ」

「おやおや」と、プー。「それは困ったね。ちょっと見てみようか」

So Eeyore gazed sadly at the ground, and Winnie-the-Pooh walked around him.

"What's happened to your tail?" he said, surprised.

"What *has* happened to it?" said Eeyore.

"It isn't there!"

"Are you sure?"

"Well, either a tail is there or it isn't there. And yours *isn't* there!"

"Let's have a look," said Eeyore. He turned slowly to see his tail. When he couldn't see it, he turned the other way. Still unable to see it, he put his head down and looked between his front legs. At last he said, with a sad sigh, "I believe you're right."

"Of course," said Pooh.

"That Explains Everything," said Eeyore gloomily.

"Somebody must have taken it," said Eeyore. "How Like Them," he added, after a long silence.

■gaze 動 見つめる ■what's happen to ～はどうしたのか ■add 動 言い足す

イーヨーがしっぽをなくして、
プーがそれを見つける

そこで、イーヨーは悲しげに地面を見つめ、ウィニー・ザ・プーはそのまわりを歩きました。

「きみ、しっぽはどうしたの？」と、プーは驚いて言いました。

「しっぽがどうかしたかね？」と、イーヨー。

「ないんだよ！」

「ほんとに？」

「だって、しっぽって、あるかないかのどっちかだろ。で、きみのしっぽは、ないんだよ！」

「ちょっと見てみるとしよう」と、イーヨー。ゆっくりと後ろをふり向いて、しっぽを見ようとしました。でも見えないので、反対側を向きました。それでも見えないので、頭をさげて、前足のあいだからのぞきました。そしてとうとう、悲しげにため息をつきながら、「おまえさんの言うとおりのようじゃ」と言いました。

「もちろんだよ」と、プー。

「これで何もかも説明がつく」と、イーヨーはうんざりしたように言いました。

「だれかがとったにちがいないわい」と、イーヨー。「そういうやつらなんじゃ」と、長い沈黙のあとで言いました。

Pooh wanted to say something helpful, but didn't know what. So he decided to do something helpful instead.

"Eeyore," he said, "I, Winnie-the-Pooh, will find your tail for you."

"Thank you, Pooh," answered Eeyore. "You're a real friend."

So Winnie-the-Pooh went to find Eeyore's tail.

It was a fine spring morning in the Forest. There were little clouds playing in a blue sky, and the sun was shining. Bear marched through the trees; down slopes of heather, over streams, then up and into the heather again. At last, tired and hungry, he arrived at the Hundred Acre Wood. It was where Owl lived.

"If anyone knows anything about anything, it's Owl," said Bear, "or my name's not Winnie-the-Pooh," he said. "Which it is," he added. "So there you are."

Owl lived at The Chestnuts, a charming old home. Bear thought it was a grand house because it had a knocker *and* a bell-rope.

Under the knocker, a sign read:

PLES RING IF AN RNSER IS REQIRD.

■march 動ずんずんと歩く ■heather 名ヘザー《低木植物》 ■stream 名小川
■knocker 名ドアノッカー ■sign 名張り紙 ■read 動（文字が）書いてある

イーヨーがしっぽをなくして、
プーがそれを見つける

プーは、助けになるようなことを言ってあげたかったのですが、思いつきませんでした。そこで、助けになるようなことをしようと決心しました。

「イーヨー」と、プーは言いました。「このウィニー・ザ・プーが、きみのしっぽを見つけてあげるよ」

「ありがとうよ、プー」と、イーヨーは答えました。「おまえさんは、ほんとうの友だちじゃよ」

そこで、ウィニー・ザ・プーは、イーヨーのしっぽをさがしにいきました。

それは春の朝で、森のなかはいいお天気でした。青い空にはほとんど雲がなく、太陽が輝いています。クマは木々のあいだを、ずんずん歩いていきました。茂みの坂をおり、小川を越え、また坂をのぼって茂みのなかへ入っていきました。疲れておなかもすいたころ、やっと100エーカーの森につきました。そこには、フクロウのオウルが住んでいるのです。

「もしだれかが、何かについて何かを知っているとしたら、それはオウルだ」と、クマは言いました。「でなきゃ、ぼくの名前もウィニー・ザ・プーじゃない」と、言います。「でも、ぼくはプーだろ」と、つけ加えました。「だから、そのとおりなんだ」

オウルは栗の木にある、すてきな古い家に住んでいました。クマは、とても大きな家だと思いました。ドアノッカーと、鈴を鳴らすひもまであったからです。

ドアノッカーの下に貼り紙があって、こう書いてありました。

ごよう　あるひと　すず　ならて　くさい

Under the bell-rope, a sign read:

PLEZ CNOKE IF AN RNSR IS NOT REQID.

These signs were written by Christopher Robin, the only person in the forest who could spell. Even wise Owl could not spell. He could only read and write.

Winnie-the-Pooh read the two signs very carefully. Then, to be quite sure, he knocked and pulled the knocker, and he pulled and knocked the bell-rope. He called loudly, "Owl! It's Bear speaking." The door opened, and Owl looked out.

"Hallo, Pooh," he said. "How's things?"

"Terrible," said Pooh, "because Eeyore, my friend, has lost his tail. And now he's Sad. Could you kindly help me find it for him?"

"Well," said Owl, "the customary procedure is as follows."

"What is Crustimoney Proseedcake?" said Pooh. "I am a Bear of Very Little Brain, and long words Bother me."

■spell 動字をつづる ■how's things? 調子はどう？ ■could you kindly ~? ～してもらえませんか？ ■customary procedure 慣習的手順 ■as follows 次の通りで ■bother 動困らせる

鈴ひもの下には、こう書いてありました。

ごよう　ないひと　ノックし　くだい

この貼り紙は、クリストファー・ロビンが書いたものでした。森で正しくつづりを書けるのは、クリストファー・ロビンだけなのです。かしこいオウルでさえ正しく書けません。簡単な読み書きができるだけです。

ウィニー・ザ・プーはふたつの貼り紙をじっくりと読みました。それから、念のために、ドアノッカーをたたいて引っぱり、鈴ひもを引っぱってたたきました。そして、大声で呼びかけました。「オウル！　ぼく、クマだよ」するとドアがあいて、オウルが顔をのぞかせました。

「やあ、プーさん」と、オウルが言いました。「調子はどうです？」

「ひどいんだ」と、プー。「友だちのイーヨーがしっぽをなくしたんだよ。それで、いまとても悲しんでるんだ。イーヨーのしっぽをさがすのを手伝ってもらえませんか？」

「ふむ」と、オウル。「慣習的手順としてはですね」

「カンシュウテキ・テンプラって、何？」と、プー。「ぼく、頭のよくないクマだから、長い言葉をきくと、困っちゃうんだ」

"It means the Thing to Do."

"If it means that, that's fine," said Pooh.

"The thing to do is as follows. First, Issue a Reward. Then—"

"Just a moment," said Pooh, holding up his paw. "*What* did you say? You sneezed as you were about to tell me."

"I *didn't* sneeze."

"Yes, you did, Owl."

"What I *said* was, 'First *Issue* a Reward.'"

"You're doing it again," said Pooh sadly.

"A reward!" said Owl very loudly. "We write a sign that says we will give a large something to anybody who finds Eeyore's tail."

"I see," said Pooh, nodding. "Talking about large somethings, I usually have a small something about now—," and he looked dreamily at the cupboard in Owl's room; "some condensed milk, with maybe a bit of honey—"

"Well, then," said Owl, "we write out this notice, and we put it up all over the Forest."

"A bit of honey," said Bear to himself, "or—or not, it seems." He sighed, and tried very hard to listen to Owl.

■issue 動公表する ■reward 名懸賞金 ■just a moment ちょっと待って ■sneez 動くしゃみをする ■bit of ちょっとの ■notice 名お知らせ ■put ~ up ～を掲示する

「何をするべきか、という意味ですよ」

「そういうことなら、わかった」と、プー。

「何をするべきか、というとですね。まずはじめに、懸賞金を出すことです。それから――」

「ちょっと待って」と、プーが手をあげました。「なんて言ったの？　言いかけたときに、くしゃみをしたから、わからなかったよ」

「くしゃみなど、してませんよ」

「ううん、したよ、オウル」

「わたしが言ったのは、『まずはじめに、懸賞金を出す』ですよ」

「ほら、また、クションって言ってる」と、プーが悲しそうに言います。

「懸賞金！」と、オウルは大声で言いました。「貼り紙をして、イーヨーのしっぽを見つけた人には、すばらしいものを差しあげます、と書くのです」

「ああ、わかった」と、プーがうなずきながら言いました。「すばらしいものと言えば、この時間はいつも、何か一口食べるんだけど――」と、オウルの部屋の戸棚をうっとりと見つました。「コンデンスミルクか、ハチミツをちょっぴりでもいいんだけどな――」

「さあ、それでは」と、オウル。「お知らせを書いて、森じゅうに貼ることにしましょう」

「ハチミツをちょっぴり」と、クマはもごもごと言いました。「あ、いや――だめみたいだね」ため息をつくと、オウルの話を一生懸命きこうとしました。

But Owl went on and on, using longer and longer words. At last Owl explained that the person to write this sign was Christopher Robin.

"Christopher Robin wrote the signs on my front door. Did you see them, Pooh?"

For some time now, Pooh had not heard anything from Owl. He was saying "Yes" and "No" in turns. Having said, "Yes, yes," last time, he said, "No, not at all," now.

"You didn't see them?" said Owl, surprised. "Come and look at them now."

So they went outside. Pooh looked at the knocker and the sign below it. He looked at the bell-rope and the sign below it. The more he looked at the bell-rope, the more he felt that he had seen something like it before.

"Beautiful bell-rope, isn't it?" said Owl.

Pooh nodded.

"It reminds me of something," he said, "but I can't remember what. Where did you get it?"

"I found it in the Forest. It was hanging over a bush. I thought somebody lived there, so I rang it very loudly, and it came off the bush. Since nobody wanted it, I took it home, and—"

■go on and on えんえんと話す ■in turns 交互に ■the more ~, the more ~すればするほど、…である ■remind 動（人に）思い出させる ■come off はずれる

でも、オウルはもっともっと長い言葉を使い、えんえんと話しつづけます。そしてやっと、この貼り紙を書くのはクリストファー・ロビンだと説明しました。

「クリストファー・ロビンが、うちの玄関の貼り紙を書いてくれたのですよ。見ましたか、プーさん？」

もうさっきから、プーはオウルの話を何もきいていませんでした。ただ、「うん」と「ううん」を交互に言っているだけです。さっき「うん、うん」と言ったところなので、今度は「ううん、ぜんぜん」と言ってしまいました。

「なんと、見ていないのですか？」と、オウルは驚いて言いました。「それでは、見にいくとしましょう」

そこで、ふたりは外へ出ました。プーはドアノッカーと、その下の貼り紙を見ました。それから、鈴ひもと、その下の貼り紙を見ました。そのひもを見れば見るほど、よく似たものを、まえに見たことがあるような気がします。

「きれいな鈴ひもでしょう？」と、オウル。

プーはうなずきました。

「何かに似てるなあ」と、プー。「でも、思いだせないや。どこで見つけたの？」

「森のなかでですよ。茂みから垂れさがっていたのです。だれか住んでいるのかと思いましてね、大きく鳴らそうと引っぱってみたら、茂みからはずれたのです。だれもいらないようでしたから、家へもって帰って——」

"Owl," said Pooh seriously, "you made a mistake. Somebody did want it."

"Who?"

"My friend Eeyore. He was—he was fond of it."

"Fond of it?"

"Attached to it," said Winnie-the-Pooh sadly.

* * *

So Pooh took the bell-rope, and returned it to Eeyore.

When Christopher Robin nailed it in its right place, Eeyore danced and waved his tail happily. Winnie-the-Pooh, however, had to hurry home for a snack. Wiping his mouth half an hour later, he sang:

Who found the Tail?
　"I," said Pooh,
"At a quarter to two
　(Only it was quarter to eleven really),
I found the Tail!"

■be fond of ～が好き ■nail 動～を釘で打ちつける ■snack 名おやつ ■wipe 動ぬぐう ■quarter to ～時15分前

イーヨーがしっぽをなくして、
プーがそれを見つける

「オウル」と、プーがまじめな声で言いました。「それはまちがいだよ。ほしい人がいたんだ」

「だれです？」

「友だちのイーヨーだよ。イーヨーは——そのひもが好きだったんだ」

「好きですって？」

「それにくっついてたんだよ」と、ウィニー・ザ・プーは悲しそうに言いました。

＊　＊　＊

そこで、プーは鈴ひもをとり、イーヨーのところへもって帰りました。

クリストファー・ロビンがそれを元の場所に釘で打ちつけると、イーヨーは踊りあがって、うれしそうにしっぽをふりました。でもウィニー・ザ・プーは、あわてて家へ帰らなければなりませんでした。おやつの時間だからです。半時間後、プーは口をぬぐいながら、こう歌いました。

だれが　しっぽを　見つけたの？
　「ぼくさ」と、プーが言いました
「2時の15分前にだよ
　（ほんとうは、11時15分前でしたけれどね）
ぼくが　しっぽを　見つけたのさ！」

覚えておきたい英語表現

Chapter Three

Piglet's grandfather had two names in case he lost one.
（p.58, 下から6行目）

ピグレットのおじいさんは、ひとつをなくしたときのために、ふたつの名前をもっていたというのです。(1)

Piglet said that he would happy to come, in case it really *was* a Woozle. （p.62, 1行目）

ピグレットは、ほんとにウールズかもしれないから、喜んでついていくよ、と言いました。(2)

［解説］ in caseは、主語＋動詞を従え、(1)「〜するといけないので」「〜に備えて」(2)「〜の場合には、もし〜なら」という２つの意味で用いられます。どちらの意味で使われているのかは文脈から判断します。

［例文］ Take your folding umbrella with you in case it rains.
（雨が降るといけないので、折り畳み傘をもっていきなさい）

Let me know in case you are not coming to the party.
（パーティーに来ないのなら知らせてください）

Feel free to contact me in case you need my help.
（私の助けが必要な場合はご遠慮なく連絡してください）

What's the matter? （p.60, 下から6行目）
どうしたの？

［解説］ the matterで「困ったこと」「面倒な事態」という意味です。会話の表現としては、with youをつけた、What's the matter with you?の形で覚えているかも知れません。matterの代わりにtroubleが使われる場合もあります。

［例文］ What's the matter with you? You look pale.
（どうしたの。顔色が悪いわよ）

What's the matter with Brian? He looks blue.
(ブライアンはどうかしたの。憂鬱そうよ)

What's the matter with your neck?
(首をどうかしたのですか)

Is anything the matter?
(どうかしましたか)

Would you mind coming with me, Piglet, in case they are Hostile Animals? (p.60, 下から2行目)

いっしょに来てくれる？　危険な動物だといけないから。

［解説］ Would you mind＋動名詞？は「〜していただけませんか」と依頼するときの言い方です。wouldが過去形で仮定法の用法ですから、couldの場合と同じように一歩引いた丁寧な表現です。mindは「嫌がる」という意味ですから、承諾の返答には、No, not at all.、Certainly not.、Of course not.など、notが入った表現が普通使われます。しかし、実際にはnotを入れないSure.、Certainly.なども用いられています。

［例文］ Would you mind giving me your phone number?
(電話番号を教えていただけますか)

Would you mind waiting here for a few minutes?
(ここでちょっと待っていただけますか)

Would you mind lending me 5,000 yen?
(5,000円貸してもらえますか)

Would mind turning off the air conditioner?
(エアコンを切っていただけますか)

覚えておきたい英語表現

I forgot to do something yesterday that I can't do tomorrow.
(p.66, 3行目)
昨日するのを忘れてたことがあって、明日はできないんだ。

[解説] 動詞の目的語に不定詞が置かれる場合と動名詞が置かれる場合で、意味が異なる動詞があります。forgetもその1つで、「forget＋不定詞」で「〜することを忘れる」、「forget＋動名詞」で「〜したことを忘れる」という意味です。このような動詞は他に、remember, regret, tryなどがあります。

〈forget〉

[例文] I forgot to tell her the news.
(私は彼女にその知らせを伝えるのを忘れました)

I forgot telling her the truth.
(私は彼女にその知らせを伝えたことを忘れました)

〈remember〉

Remember to call her first thing in the morning.
(朝一番に彼女に忘れずに電話しなさい)

I remember calling her yesterday morning.
(きのうの朝彼女に電話したことを覚えています)

〈regret〉

I regret to say that we are short on cash.
(残念ですが弊社は現金が不足しています)

I regret saying that we are short on cash.
(弊社は現金が不足していると言ったことを後悔しています)

〈try〉

She tried to open the attachment.
(彼女は添付ファイルを開こうとしました)

She tried opening the attachment.
(彼女は試しに添付ファイルを開いてみました)

Chapter Four

Let's take a look at you.（p.70, 下から2行目）
ちょっと見てみようか。

Let's have a look.（p.72, 11行目）
ちょっと見てみるとしよう。

［解説］take, haveとも動詞本来の意味が希薄になり、後ろに派生名詞を従え、その派生名詞が句の意味を表しています。このような構造は脱辞書的構造と呼ばれており、現代英語では頻繁に使われています。take a look, have a lookとも日本語にすると「見る」という動詞になってしまいますので、派生名詞が使われているとは思いつかない表現です。辞書には、「動詞＋派生名詞」の形でまとめて載っていますので、確認しましょう。

［例文］I take a shower before dinner.
（ディナーの前にシャワーを浴びます）

Let's take a walk after lunch.
（昼食後に散歩しましょう）

I had a strange dream last night.
（きのうの夜不思議な夢を見ました）

Did you have a good night's sleep last night?
（きのうの夜はよく眠れましたか）

There were little clouds playing in a blue sky.（p.74, 8行目）
青い空にはほとんど雲がありませんでした。

［解説］人や物の存在を表す言い方として、There is a book on the desk.（机の上に本があります）のように、「There ＋ be動詞＋名詞」の形はお馴染みです。これに現在分詞を加えた、「There ＋ be動詞＋名詞＋現在分詞」で「〜が…している」という意味が表されます。

覚えておきたい英語表現

[例文] There is someone standing at the door.
(玄関に誰か立っています)

There are no mushrooms growing around here.
(この辺りにキノコは生えていません)

There is a cat lying on the sofa.
(ソファーに猫が寝そべっています)

How's things? (p.76, 10行目)
調子はどうですか?

[解説] この表現は挨拶の言葉として、会話事典などには載せられています。with you をつけた、How's things with you? も使われます。How's は How is の短縮形です。聞き取れるようにしましょう。things は「状況」「事態」という意味です。複数形になっていることに注意しましょう。以下の例文では、How で始まる他の挨拶の表現もあげておきます。

[例文] Things are going well.
(事はうまく進んでいます)

How are things between Sam and Lisa these days?
(最近のサムとリサの関係はどうなっていますか)

How's everything?
(調子はどうですか)

How's life?
(最近どうですか)

At a quarter to two (Only it was quarter to eleven really),
(p.82, 下から3行目)
2時の15分前にだよ(ほんとうは、11時15分前でしたけれどね)。

[解説] 時間を表す表現を復習しておきましょう。quarter は「4分の1」ですから「15

分」になります。toは「〜の前」ですから、a quarter to twoは「2時15分前（1時45分）です。冠詞が使われないこともあります。また、「何分過ぎ」という場合は、past, afterが用いられます。午前、午後を言いたいときは、a.m. 、p.m.を後ろにつけて、six thirty a.m.「午前6時半」、a quarter past [after] five p.m.「午後5時15分」と言えますが、会話では、a.m.やp.m.は省略されるのが普通です。

［例文］ It's eight minutes past [after] seven.
（7時8分です）

It's a quarter past [after] seven.
（7時15分です）

It's seven thirty. / It's half past seven.
（7時半です）

It's a little past seven.
（7時ちょっと過ぎです）

It's seven o'clock sharp. / It's seven o'clock on the dot.
（7時ちょうどです）

★「今何時ですか」と尋ねるときの表現も覚えましょう。

Do you have the time?

※定冠詞 the を落とさないようにしましょう。Do you have time？なら「時間はありますか」という意味になります。

What time do you have?

Have you got the time on you?

Can you tell me the time?

07

CHAPTER FIVE

In which Piglet meets a Heffalump

One day, Christopher Robin, Winnie-the-Pooh, and Piglet were talking together. Christopher Robin said: "I saw a Heffalump today, Piglet."

"What was it doing?" asked Piglet.

"Just lumping along," said Christopher Robin. "It didn't see *me*."

"I saw one once," said Piglet. "At least, I think I did."

"So did I," said Pooh, wondering what a Heffalump looked like.

■Heffalump 名ヘッファランプ《架空の動物》 ■lump along のっしのっしと歩く ■at least 少なくとも ■look like ～のように見える

第5章

ピグレットが
ヘッファランプに会う

ある日、クリストファー・ロビンと、ウィニー・ザ・プーと、ピグレットが、3人で話していました。すると、クリストファー・ロビンが言いました。

「ぼく、今日、ヘッファランプを見たよ、ピグレット」

「それって、何してた？」と、ピグレットはききました。

「のっしのっしと歩いてただけだよ」と、クリストファー・ロビン。「ぼくに気づかなかったんだ」

「ぼくも1回見たことあるよ」と、ピグレット。「少なくとも、見たことがあるような気がする」

「ぼくだって見たよ」と、プーは言いながら、ヘッファランプってどんなだろうと思いました。

"You don't often see them," said Christopher Robin.

"Not now," said Piglet.

"Not at this time of year," said Pooh.

Then they talked about something else, until it was time for Pooh and Piglet to go home together. At first, they didn't say much. But then they began to talk in a friendly way about this and that. Just as they came to the Six Pine Trees, Pooh looked round to see if anybody was listening. He said in a firm voice:

"Piglet, I have decided something."

"What have you decided, Pooh?"

"I have decided to catch a Heffalump."

Pooh waited for Piglet to say something, but Piglet said nothing. The fact was Piglet wished that *he* had thought about it first.

"I'll use a trap," said Pooh, "It must be a Cunning Trap, so you will have to help me, Piglet."

"I will," said Piglet, feeling happy again. Then he said, "How shall we do it?"

Pooh said, "That's just it. How?" And so they sat down to think.

Pooh's first idea was to dig a Very Deep Pit, and then the Heffalump would fall into the pit, and—

■this and that あれやこれや ■firm 形きっぱりとした ■cunning 形巧妙な ■dig 動掘る ■pit 名大きな穴

「そんなにしょっちゅう見られないよ」と、クリストファー・ロビンが言いました。

「いまは無理だね」と、ピグレット。

「この季節にはね」と、プー。

それから3人でほかの話をし、やがて、プーとピグレットがいっしょに家へ帰る時間になりました。はじめは、ふたりともあまり話しませんでした。でもそのうちに、あれやこれやと仲よくしゃべりだしました。ちょうど六本松のところまで来たとき、プーがあたりを見まわして、だれもきいていないか確かめました。それから、きっぱりした口調で言いました。

「ピグレット、ぼく、決めたよ」

「何を決めたの、プー？」

「ヘッファランプをつかまえることに決めた」

プーは、ピグレットが何か言ってくれるのを待ちましたが、ピグレットは何も言いません。じつは、そのことを自分が先に思いついたらよかったのに、とピグレットは思っていたのです。

「罠（わな）をしかけるんだ」と、プー。「巧妙な罠じゃないとね。だから手伝ってよ、ピグレット」

「いいよ」と、ピグレットは元気をとりもどしました。そして、「どうやってするの？」と言いました。

プーは、こう言いました。「問題はそれだよ。どうやったらいいかな？」そこで、ふたりですわって考えました。

プーが最初に考えたアイディアは、「とても深い穴」を掘ることでした。そうしたら、ヘッファランプが穴に落ちて、それから——。

"Why?" said Piglet.

"Why what?" said Pooh.

"Why would he fall in?"

Pooh rubbed his nose. He said that the Heffalump might be walking along, looking at the sky, wondering if it would rain, and so he wouldn't see the Very Deep Pit until it was too late.

Piglet said that this was a very good Trap, but what if it was already raining?

Pooh hadn't thought of that. Then he brightened up. If it were raining already, the Heffalump would be looking at the sky wondering if it would *clear up*, and so he wouldn't see the Very Deep Pit until it was too late.

Now that this had been explained, Piglet thought it was a Cunning Trap.

But there was just one other thing: *Where should they dig the Very Deep Pit?*

Piglet said the best place would be close to where a Heffalump would be just before he fell into the Pit.

"But then he would see us digging," said Pooh.

"Not if he was looking at the sky."

"He would Suspect," said Pooh, "if he looked down." He added sadly. "It isn't as easy as I thought. Maybe that's why Heffalumps *rarely* get caught."

■rub 動こする ■brighten up（表情が）明るくなる ■clear up（空が）晴れる
■rarely 副めったに〜ない ■get caught つかまる

「どうして？」と、ピグレットが言いました。

「どうしてって、何が？」と、プー。

「どうして、ヘッファランプが穴に落ちるの？」

プーは鼻をこすりました。そしてこう言いました。ヘッファランプが歩いてきて、空を見あげながら、雨が降るかなあ、なんて考えていたら、とても深い穴が見えないから、気づいたときはもう遅いんだよ、と。

ピグレットは、それはとてもいい罠だね、と言いましたが、もう雨が降ってたらどうするの？　とききました。

プーは、そこまで考えていませんでした。でもしばらくすると、ぱっと表情が明るくなりました。もう雨が降っていたら、ヘッファランプは空を見あげながら、晴れるかなあ、と考えるから、とても深い穴が見えなくて、気づいたときはもう遅いんだよ、というのです。

こうして説明されると、なるほど、巧妙な罠だな、とピグレットは思いました。

でも、もうひとつ問題がありました。いったいどこに、とても深い穴を掘ればいいのでしょう？

ピグレットが、ヘッファランプが穴に落ちる直前にいるところの、すぐそばが一番いい、と言いました。

「でも、それじゃ、ぼくたちが穴を掘っているのを見られちゃうよ」と、プー。

「空を見てたら、わからないさ」

「疑うんじゃないかな」と、プー。「ちょっと下を見たらね」と、悲しげにつけ加えました。「思ったほど簡単じゃないな。だから、ヘッファランプはめったにつかまらないのかもしれないね」

"That must be it," said Piglet.

They sighed. Pooh said, "If only I could *think* of something!"

"Suppose," he said to Piglet, "*you* wanted to catch *me*, how would you do it?"

"Well," said Piglet, "I should make a Trap, and I should put a Jar of Honey in the Trap, and you would smell it, and you would go in after it, and—"

"And I would go in after it," said Pooh excitedly, "carefully, so I don't hurt myself. I would get to the Jar of Honey, and lick the edges. I'll pretend that there was no more honey. I would walk away, and then I would come back and lick the middle of the jar, and then—"

"Yes, and then I would catch you. Now, what do Heffalumps like? I should think acorns."

Pooh said that Honey was a much more trappy thing than Haycorns. Piglet didn't think so. They were about to argue, when Piglet remembered something. If they used acorns, *he* would have to find the acorns. But if they used honey, then Pooh would have to share his own honey. So Piglet said, "All right, honey then" just as Pooh said "All right, haycorns."

■jar 名 つぼ ■hurt oneself けがをする ■pretend 動 ～のふりをする ■walk away 立ち去る ■acorn 名 ドングリ ■trappy 形 ワナっぽい

「きっと、そうだね」と、ピグレット。

ふたりはため息をつきました。プーが、「何か思いつかないかなあ！」と言いました。

「ねえ、もし」と、プーはピグレットに言いました。「ぼくをつかまえたかったら、どうやってつかまえる？」

「そうだな」と、ピグレット。「罠をつくって、なかにハチミツのつぼを入れるよ。そしたら、きみはハチミツの匂いに気づいて、それから匂いをたどっていって、それから——」

「それから、ハチミツにつられて、なかに入るよ」と、プーはわくわくして言いました。「けがをしないよう、気をつけながらね。それからハチミツのつぼを手にとって、ふちのところをなめる。それから、もうハチミツがないようなふりをする。少しはなれてから、またもどってきて、今度はつぼのなかまでなめる。それから——」

「そうそう、それから、きみをつかまえるんだ。ところで、ヘッファランプって、何が好きなのかな？　ドングリがいいかも」

プーは、ポングリ*なんかよりハチミツのほうが、ずっとワナっぽいよ、と言いました。ピグレットはそうは思いません。けんかになりそうになりましたが、そのときピグレットが、あることに気がつきました。もしドングリを使うのなら、自分がドングリをさがさなくてはいけません。でも、ハチミツを使うのなら、プーが自分のハチミツをもってくることになるのです。そこで、ピグレットが「よし、それじゃハチミツだ」と言うと、同時にプーも「よし、それじゃポングリだ」と言いました。

---

* ポングリ（haycorn）：acorn（ドングリ）の言いまちがい

"*I'll* dig the pit, while *you* go and get the honey," said Piglet, as if it were settled.

"Very well," said Pooh, and he stumped off.

At home, he went to his cupboard. He stood on a chair, and took down a large jar of honey from the top shelf. It had HUNNY written on it. But, just to make sure, he took off the paper cover and looked inside.

It *looked* like honey. "But you never know," said Pooh. "My uncle once saw cheese with this color." So Pooh took a large lick. "Yes," he said, "it is honey. Right down to the bottom of the jar... Unless somebody put cheese at the bottom as a joke. Perhaps I should taste it just a *little* more... just in case Heffalumps *don't* like cheese... Ah!" He gave a deep sigh. "It is honey, all the way down."

Satisfied, he took the jar to Piglet, who was in the Very Deep Pit. Piglet said, "Got it?"

Pooh said, "Yes, but the jar isn't full."

■as if まるで～のように ■settle 動決定する ■stump off とぼとぼと立ち去る ■take off（ふたなどを）外す ■take a large lick たっぷりとひとなめする ■unless 接～でない限り ■all the way down ずっと底まで

「ぼくが穴を掘るから、きみはハチミツをとりにいってきてよ」と、ピグレットは言いました。まるで、もう決まったかのようです。

「わかったよ」と、プーは言って、とぼとぼと立ち去りました。

さて家につくと、プーは戸棚へ向かいました。椅子の上に立ち、一番上の棚から、大きなハチミツのつぼをおろしました。つぼには、「ハチニツ」*と書かれています。でも、ちょっと確かめるために、プーは紙のふたをとって、なかをのぞきました。

見たところ、たしかにハチミツのようです。「でも、わからないぞ」と、プーは言いました。「ぼくのおじさんが、こんな色のチーズを見たことあるんだって」そこで、プーは指でたっぷりすくって、ひとなめしました。「うん」と言います。「ハチミツだ。つぼの底までハチミツだ……でも、だれかがいたずらして、底にチーズを入れたりしてなきゃいいけど。もう少しだけ味見したほうがいいかもしれないな……ヘッファランプはチーズがきらいかもしれないし……うーん！」プーは深くため息をつきました。「ハチミツだ。ずーっと底まで、ぜんぶハチミツだ」

プーが満足して、つぼをピグレットのところへもっていくと、ピグレットはとても深い穴のなかにいました。ピグレットが、「もってきた？」とききます。

プーは言いました。「うん、でも、いっぱいじゃないんだ」

---

* ハチニツ（hunny）：honey（ハチミツ）の言いまちがい（書きまちがい）

He threw it down to Piglet, and Piglet said, "Is that all?" and Pooh said, "Yes." So Piglet put the jar at the bottom of the Pit, climbed out, and they went home together.

"Well, good night, Pooh," said Piglet, when they got to Pooh's house. "We'll meet at six o'clock tomorrow morning by the Pine Trees, and see how many Heffalumps are in our Trap."

"Six o'clock, Piglet. And have you got any string?"

"No. Why do you want string?"

"To lead them home with."

"Oh! . . . I *think* Heffalumps come if you whistle."

"Some do and some don't. You never know with Heffalumps. Well, good night!"

"Good night!"

And Piglet went to his house, while Pooh prepared for bed.

Some hours later, Pooh awoke with a sinking feeling. That sinking feeling meant that *he was hungry.* He went to his cupboard, stood on a chair, reached for the top shelf, and found—nothing.

■throw ~ down　～を投げ下ろす　■whistle 動 口笛を吹く　■sinking feeling 沈んだ気持ち　■reach for ～を取ろうと手を伸ばす

そして、ピグレットにつぼを投げてわたしました。ピグレットが、「たったこれだけ？」と言うと、プーは、「うん、そうだよ」と答えました。そこで、ピグレットが穴の底につぼをおき、這いでてくると、ふたりでいっしょに家へ帰りました。

「じゃ、おやすみ、プー」プーの家につくと、ピグレットが言いました。「明日の朝6時に、あの松の木のそばで会おうね。それで、罠にヘッファランプが何匹つかまってるか見るんだ」

「6時だね、ピグレット。きみ、ひもをもってる？」

「ううん。どうして、ひもがいるの？」

「ヘッファランプを引っぱって帰るんだ」

「ええっ！……そ、その、ヘッファランプは、口笛を吹いたら、ついてくると思うけど」

「くるのもいるし、こないのもいるよ。ヘッファランプのことは、よくわからないからね。じゃ、おやすみ！」

「おやすみ！」

それでピグレットは家へ帰り、プーは寝る支度をしました。

数時間後、プーは沈んだ気持ちで目がさめました。沈んだ気持ちということは、おなかがすいているということです。プーは戸棚へ行って、椅子の上に立ち、一番上の棚をさがしました。すると――何もありません。

08 "That's funny," he thought. "I know I had a jar of honey there. A full jar of honey. It had HUNNY written on it, so that I should know it was honey. That's very funny." And then he began to wander up and down, murmuring to himself. Like this:

It's very, very funny,
'Cos I *know* I had some honey;
'Cos it had a label on.
        Saying HUNNY.
A goloptious full-up pot too,
And I don't know where it's got to,
No, I don't know where it's gone—
        Well, it's funny.

And then suddenly he remembered. He had put it into the Cunning Trap to catch the Heffalump.

"Bother!" said Pooh. He went back to bed.

■funny 形おかしい ■wander up and down うろうろ歩きまわる ■murmur 動つぶやく ■'cos because（なぜなら）の略、口語 ■goloptious 形おいしい

「おかしいな」と、プーは思いました。「ハチミツのつぼがあったはずなのに。ハチミツがいっぱい入ったつぼだよ。ハチミツだってわかるように、『ハチニツ』って書いておいたんだ。ほんとに、おかしいな」それから、プーはうろうろ歩きまわりながら、ひとり言をつぶやきはじめました。こんなふうにです。

とっても　とっても　おかしいな
だって　ハチミツが　あったのに
だって　ラベルも　貼ったのに
　　　それに　「ハチニツ」って　書いたのに。
おいしいのが　いっぱいの　つぼなのに
もう、どこへいったかわからない
うう、どこへいったかわからない――
　　　ああ、ほんとに　おかしいな。

するとそのとき、プーは、はっと思いだしました。ヘッファランプをつかまえる巧妙な罠のなかに、ハチミツをおいてきたのです。

「まったくもう！」と、プーは言いました。そしてベッドにもどりました。

But he couldn't sleep. He tried Counting Sheep, but it was no good. So he tried counting Heffalumps. And that was worse. Because every Heffalump he counted was *eating all his honey*. He was miserable. When the five hundred and eighty-seventh Heffalump licked its jaws, and said to itself, "Very good honey, I've never tasted better," Pooh could bear it no longer.

He jumped out of bed, and ran to the Six Pine Trees.

The sun was just waking up over the Hundred Acre Wood. There was little light, and so the Very Deep Pit seemed deeper and Pooh's jar of honey looked like a mysterious shape and nothing more. But as he got nearer, his nose told him that it was indeed honey. His tongue came out, ready to taste it.

"Bother!" said Pooh, as he got his nose inside the jar. "A Heffalump has been eating it!" And then he paused and said, "Oh, no, *I* did. I forgot."

■miserable 形みじめな ■bear 動がまんする ■no longer もう～でない ■indeed 副たしかに ■pause 動（動作を）いったん止める

でも、もう眠れません。羊の数を数えましたが、効き目はありません。そこで、ヘッファランプの数を数えてみました。ところが、もっとひどいことになりました。数えたヘッファランプたちがみんな、プーのハチミツを食べてしまうのです。プーはみじめな気持ちになりました。587匹目のヘッファランプがつぼをなめて、「じつにおいしいハチミツだ。こんなのは食べたことないぞ」とつぶやいたとき、プーはもう、がまんできなくなりました。

プーはベッドから飛びだして、六本松へ走っていきました。

太陽は、100エーカーの森の上で、これから目ざめようとしているところでした。光がほとんどないので、とても深い穴はさらに深く見え、プーのハチミツのつぼは、得体のしれない形にしか見えません。でも近づくと、たしかにハチミツだと、鼻が教えてくれました。プーは舌を出して、食べようとしました。

「まったくもう！」と、つぼのなかに鼻を突っこんで、プーは言いました。「ヘッファランプが食べちゃったんだ！」それから、しばらく考えて、こう言いました。「ああ、そうじゃないや、ぼくが食べたんだっけ。忘れてた」

Indeed, he had eaten most of it. But there was a little left at the bottom of the jar, so he pushed his head in, and began to lick . . .

Soon Piglet woke up and said to himself, "Oh!" Then he said bravely, "Yes." But he didn't feel brave, because the word jiggeting in his brain was "Heffalumps."

What was a Heffalump like?

Was it Fierce?

Did it come when you whistled?

Was it Fond of Pigs?

If it was Fond of Pigs, did it matter *what sort of Pig?*

If it was Fierce with Pigs, would it matter *if the Pig had a grandfather called TRESPASSERS WILLIAM?*

He didn't know . . . and he was going to see his first Heffalump in an hour!

Of course Pooh would be there . . . But, maybe Heffalumps were Very Fierce with Pigs *and* Bears? Maybe he should pretend he had a headache, and couldn't go out this morning. But what if it was a fine day, and there was no Heffalump in the trap? He would be in bed all morning, wasting his time for nothing. What should he do?

■bravely 副 勇敢に ■jigget 動 暴れる ■fierce 形 どう猛な ■matter 動 問題視する ■headache 名 頭痛 ■waste one's time for nothing 時間をむだにして過ごす

たしかに、プーがほとんど食べてしまったのです。でも、つぼの底に少しだけ残っていたので、プーは頭を押しこんで、なめはじめました……。

やがて、ピグレットが目をさまし、思わず「ああ！」とつぶやきました。それから、勇ましく「よし」と言いました。でも、ちっとも勇ましい気持ちになれません。だって、頭のなかで暴れている言葉は、「ヘッファランプ」なのです。

ヘッファランプって、どんなだろう？

猛獣なのかな？

口笛を吹いたら、ついてくるかな？

ブタが好きかな？

もしブタが好きなら、どんなブタでもかまわないのかな？

もしブタがきらいで暴れても、タチイリ・キンシノスケという名前のおじいさんがいたら、手加減してくれるかな？

ピグレットにはわかりませんでした……なのに1時間後には、そのヘッファランプに初めて対面するのです！

もちろん、プーもいっしょです……。でも、もしかしてヘッファランプが、ブタとクマがとくにきらいで暴れたら、どうしましょう？　頭が痛いふりをして、今朝は家を出られないと言ったほうがいいかもしれません。でも、もしとてもいいお天気で、罠にヘッファランプがつかまっていなかったら？午前中ベッドのなかで、むだに過ごすことになります。いったいどうしたらいいのでしょう？

Piglet then had a Clever Idea. He would go to the Six Pine Trees, look into the Trap, and firstly see if there *was* a Heffalump there. And if there was, he would go back to bed. If there wasn't, he wouldn't.

So off he went. At first he thought that there wouldn't be a Heffalump in the Trap. Then as he got nearer, he thought that there would be one, because he could hear it heffalumping about.

"Oh, dear, oh, dear, oh, dear!" said Piglet. He wanted to run away. But having got so near, he felt that he must see what a Heffalump was like. So he went to the side of the Trap and looked in . . .

■get nearer 近づく ■oh, dear なんとまあ

そのとき、ピグレットはいいことを思いつきました。六本松へ行って、落とし穴のなかをのぞき、ヘッファランプがいるかどうか、さきに確かめるのです。もしヘッファランプがいたら、ベッドにもどります。もしいなかったら、もどらなければいいのです。

そこで、ピグレットは出かけました。はじめのうち、穴のなかにヘッファランプはいないように思えました。そこで近づいてみると、1匹いるような気がしました。ヘッファランプらしい声がきこえたのです。

「わあ、ひえぇ、わあ、ひえぇ、わあ、ひえぇ！」と、ピグレット。すぐに逃げたくなりました。でも、こんなに近づいたのだから、ヘッファランプがどんなものか一目見ておかなくては、と思いました。そこで、罠のふちまで行き、なかをのぞくと……。

Winnie-the-Pooh had been trying to get the honey-jar off his head. The more he shook it, however, the more it stuck. "*Bother!*" he said, and "*Oh, help!*" and, mostly, "*Ow!*" He tried to climb out of the Trap, but as he couldn't see anything, he couldn't find his way. So at last he lifted his head, and roared loudly in Sadness and Despair . . . it was at that moment that Piglet looked down.

"Help, help!" cried Piglet, "a Horrible Heffalump!" He ran off, crying, "Help, help, a Herrible Hoffalump! Hoff, Hoff, a Hellible Horralump!"

He didn't stop crying and running until he got to Christopher Robin's house.

"What's the matter, Piglet?" said Christopher Robin.

"Heff," said Piglet, breathing so hard that he could hardly speak, "a Heff—a Heff—a Heffalump."

"Where?"

"Up there," said Piglet, waving his paw.

"What did it look like?"

"Like—like—It had the biggest head you ever saw, Christopher Robin. A great enormous thing, like—a huge big—well,—like an enormous big—like a jar."

■roar 動吠える ■despair 名絶望 ■horrible 形こわい ■run off 逃げる ■what's the matter? どうかしたの？ ■hardly 副とても～ない ■enormous 形巨大な

ウィニー・ザ・プーは、ハチミツのつぼを頭からはずそうとしていました。でも、頭をふればふるほど、しっかりはまってしまうのです。「まったくもう！」と、プー。「ああ、助けて！」と言い、ほとんどは「うう！」と言っていました。落とし穴から出ようとしましたが、何も見えないので、どこからのぼったらいいかわかりません。そこで、とうとう頭をもちあげて、悲しみと絶望にくれながら、大声で吠えました……ちょうどそのとき、ピグレットが穴のなかをのぞいたのです。

「助けて、助けて！」と、ピグレットは叫びました。「こわいヘッファランプだ！」叫びながら、走って逃げます。「助けて、助けて、こふぁいホッファランプだ！　こ、こ、こふぁい、ホッラランプだあ！」

ピグレットはずっと叫びながら走りつづけ、とうとうクリストファー・ロビンの家まで来ました。

「どうかしたの、ピグレット？」と、クリストファー・ロビンが言いました。

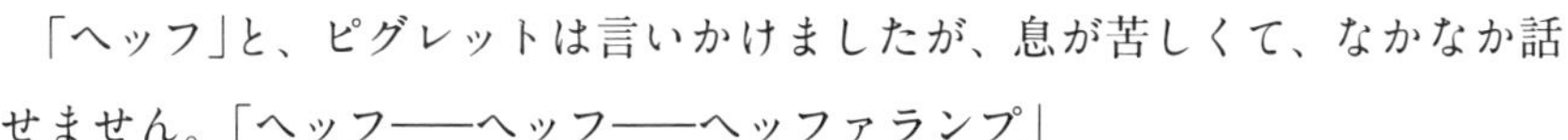

「ヘッフ」と、ピグレットは言いかけましたが、息が苦しくて、なかなか話せません。「ヘッフ――ヘッフ――ヘッファランプ」

「どこに？」

「あっち」と、ピグレットは手をふりました。

「どんなだった？」

「どんなって――どんなって――見たことないくらい大きな頭なんだ、クリストファー・ロビン。すごく大きいんだ、まるで――とても大きくて――えっと――とんでもなく大きくて――まるで、つぼみたい」

"Well," said Christopher Robin, "I shall go and look at it. Come on."

So off they went...

"I can hear it, can't you?" said Piglet anxiously, as they got near.

"I can hear *something*," said Christopher Robin.

It was Pooh bumping his head against a tree-root.

"There!" said Piglet. "Isn't it *awful*?" And he held on tight to Christopher Robin's hand.

Suddenly Christopher Robin began to laugh...and he laughed...and laughed. And while he was still laughing—*Crash* went the Heffalump's head against the tree-root, *Smash* went the jar, and out came Pooh's head...

Piglet saw what a Foolish Piglet he had been. He was so ashamed that he ran straight home and went to bed. But Christopher Robin and Pooh went home to have breakfast.

"Oh, Bear!" said Christopher Robin. "How I do love you!"

"So do I," said Pooh.

■bump 動 〜にぶつかる　■tree-root 名 木の根　■hold on しっかりつかまる
■crash 名 衝突（の音）　■smash 名 粉砕（される音）　■ashamed 形 はずかしい

「じゃあ」と、クリストファー・ロビン。「ぼくも見にいこう。おいで」

そこで、ふたりが出かけると……。

「ね、きこえるだろ？」穴に近づきながら、ピグレットが不安そうに言いました。

「たしかに何かきこえるね」と、クリストファー・ロビンが言います。

それは、プーが頭を木の根っこにぶつけている音でした。

「あそこだ！」と、ピグレット。「ね、とってもこわいだろ？」そして、クリストファー・ロビンの腕にしっかりとつかまりました。

するととつぜん、クリストファー・ロビンが笑いだしました……笑って……笑って……大笑いです。そして笑っているうちに、ガツンと、ヘッファランプの頭と木の根がぶつかる音がし、ガシャンと、つぼのわれる音がして、プーの頭が出てきたのです……。

ピグレットは、自分がなんて「おばかな子ブタ」だったか気がつきました。とてもはずかしくなって、まっすぐ家へ飛んでいき、ベッドにもぐりこみました。でもクリストファー・ロビンとプーは、朝ごはんを食べに家へ帰りました。

「ああ、クマさん！」と、クリストファー・ロビンは言いました。「ぼく、きみが大好きだよ！」

「ぼくもだよ」と、プーは言いました。

09

CHAPTER SIX

In which Eeyore has a birthday and gets two presents

Eeyore, the old grey Donkey, looked at himself in the water.

"Pathetic," he said.

He walked slowly to the other side of the stream. Then he looked at himself in the water again.

"Of course," he said. "Pathetic from *this* side too."

There was a noise from behind him, and Pooh appeared.

"Good morning, Eeyore," said Pooh.

"Good morning, Pooh Bear," said Eeyore gloomily. "If it is a good morning."

"What's the matter?"

"Nothing, Pooh Bear. We can't all, and some of us don't. That's all."

■pathetic 形 哀れな ■gloomily 副 陰気に

第6章

イーヨーがお誕生日をむかえて、ふたつのプレゼントをもらう

年とった灰色のロバ、イーヨーは、水に映る自分の姿を見つめていました。

「哀れなり」と、イーヨーは言いました。

それから、ゆっくりと小川の向こう岸へわたりました。そしてもう一度、水のなかの自分を見つめました。

「やっぱり」と言います。「こっちから見てもかわらん。哀れなり」

すると、後ろで音がして、プーが現れました。

「おはよう、イーヨー」と、プー。

「おはようさん、クマのプーや」と、イーヨーは陰気な声で言いました。「いい朝だったら、いいんだがね」

「どうかしたの？」

「どうもしないよ、クマのプー。みんなができるもんじゃない。なかには、しない者もいる。それだけのことじゃ」

"Can't all *what*?" said Pooh, rubbing his nose.

"Happiness. Song-and-dance. Round the mulberry bush."

"Oh!" said Pooh. "What mulberry bush?"

"Bon-hommy," Eeyore continued gloomily. "A French word meaning bonhommy," he explained. "I'm not complaining, but There It Is."

Pooh sat down on a large stone, and tried to understand Eeyore's words. It sounded like a riddle. He was not good at riddles because he was a Bear of Very Little Brain. So he sang *Cottleston Pie* instead:

Cottleston, Cottleston, Cottleston Pie,
A fly can't bird, but a bird can fly.
Ask me a riddle and I reply:
"*Cottleston, Cottleston, Cottleston Pie.*"

That was the first verse. Eeyore didn't say he didn't like it, so Pooh kindly sang the second verse to him:

Cottleston, Cottleston, Cottleston Pie,
A fish can't whistle and neither can I.
Ask me a riddle and I reply:
"*Cottleston, Cottleston, Cottleston Pie.*"

■round 動 回る ■complain 動 不平を言う ■sound like ～みたいである ■riddle 名 なぞなぞ ■verse 名（歌の）１番 ■neither 副 ～もまた（ない）

「みんながてきないって、何が？」と、プーが鼻をこすりながらききました。

「楽しむことじゃよ。歌って踊って。クワ（マルベリー）の茂み*のまわりを回ってな」

「へえ！」と、プー。「どんなマルベリー？」

「ボナミーといってな」と、イーヨーは陰気な声でつづけます。「フランス語で、楽しいという意味だがね」と、説明しました。「不平を言ってるわけじゃない。ただ、そういうもの、ということじゃ」

プーは大きな石の上にすわって、イーヨーの言ったことを考えようとしました。まるで、なぞなぞのようです。プーは頭のよくないクマですから、なぞなぞは苦手です。そこで、かわりに「カトルストンパイ」の歌を歌いました。

カトルストン、カトルストン、カトルストンパイ、
ハエ（フライ）は鳥とれないけど、鳥は飛（フライ）べるよ。
なぞなぞなら　まかせて　ぼくが答えるよ、
「カトルストン、カトルストン、カトルストンバイ」

1番はこんな歌です。イーヨーがきらいだと言わなかったので、プーは親切にも、2番も歌ってあげました。

カトルストン、カトルストン、カトルストンパイ、
魚も　ぼくも　口笛は吹けないよ。
なぞなぞなら　まかせて　ぼくが答えるよ、
「カトルストン、カトルストン、カトルストンパイ」

---

* マルベリーの茂み：“Here we go round the mulberry bush”というイギリスの童謡があり、子どもたちが歌にあわせて踊ったり、手遊びをしたりする

"That's right," said Eeyore. "Sing. Umty-tiddly, umty-too. Enjoy yourself."

"I am," said Pooh. "But you seem so sad, Eeyore."

"Sad? Why should I be sad? It's my birthday. The happiest day of the year."

"Your birthday?" said Pooh, surprised.

"Of course. Can't you see? Look at all my presents. Look at the birthday cake. Candles and pink sugar."

Pooh looked—first to the right, then to the left.

"Presents?" said Pooh. "Birthday cake? *Where?*"

"Can't you see them?"

"No," said Pooh.

"Neither can I. It's a joke," Eeyore explained. "Ha ha!"

Pooh scratched his head, confused.

"But is it really your birthday?" he asked.

"It is."

"Oh! Well, happy birthday, Eeyore."

"And happy birthday to you, Pooh Bear."

"But it isn't *my* birthday."

"No, it's mine."

"But you said 'Happy'—"

■enjoy oneself 楽しむ　■confused 形 めんくらった

イーヨーがお誕生日をむかえて、ふたつのプレゼントをもらう

「それでいい」と、イーヨーが言います。「歌うがいい。フフン、フフンと。楽しむがいいぞ」

「楽しんでるよ」と、プー。「でも、きみは悲しそうだね、イーヨー」

「悲しそう？　なんで、わしが悲しいのかね？　今日はわしの誕生日じゃよ。一年で一番楽しい日じゃ」

「きみの誕生日？」と、プーはびっくりして言いました。

「そうとも。見えんかね？　この山のようなプレゼントが。バースディーケーキを見てごらん。ろうそくもあるし、ピンク色の砂糖もかかっておるし」

プーは見ました――まず右を、つぎに左を。

「プレゼント？」と、プー。「バースディーケーキ？　どこにあるの？」

「おまえさんにゃ、見えんかね？」

「見えないよ」と、プー。

「わしにもじゃ。ほんの冗談じゃよ」と、イーヨーが説明しました。「ハッハッハ！」

プーはめんくらって、頭をかきました。

「でも、ほんとにきみの誕生日なの？」と、ききました。

「そうとも」

「へえ！　じゃ、お誕生日おめでとう、イーヨー」

「おまえさんも、お誕生日おめでとう、クマのプーや」

「でも、ぼくの誕生日じゃないよ」

「ああ、わしの誕生日じゃ」

「でも、いま、『おめでとう』って――」

"Well, why not? Do you want to be sad on my birthday? It's bad enough," said Eeyore, almost breaking down, "being sad myself, with no presents and no cake and no candles, because no one remembered my birthday—"

This was too much for Pooh. "Stay there!" he called to Eeyore. Pooh hurried home. He felt that he must get poor Eeyore a present at once.

Outside his house he found Piglet, trying to reach the knocker.

"Hallo, Piglet," he said.

"Hallo, Pooh," said Piglet.

"What are *you* trying to do?"

"I was trying to reach the knocker," said Piglet. "I just came round—"

"Let me do it for you," said Pooh kindly. He reached up and knocked at the door. "I just met Eeyore," he began, "and poor Eeyore is Very Sad because it's his birthday, and nobody remembered. He's very Gloomy and—Why hasn't anyone answered the door?" He knocked again.

■break down 泣きだす ■too much for ～にはがまんできない ■at once すぐに
■come around ぶらっと訪れる

イーヨーがお誕生日をむかえて、
ふたつのプレゼントをもらう

「ふん、なぜ、それがいかんのじゃ？　わしの誕生日に悲しく過ごしたいのかね？　もう十分ひどいというのに」と、イーヨーは言って、泣きだしそうになりました。「悲しいのはわしだけでたくさんじゃ。プレゼントもない、ケーキもない、ろうそくもない。だれもわしの誕生日なんか、おぼえておらんからのう——」

プーはもう、がまんできませんでした。「そこにいてね！」と、イーヨーに声をかけると、あわてて家へもどりました。かわいそうなイーヨーに、すぐプレゼントをとってこなくては、と思ったのです。

すると家のまえで、ピグレットを見つけました。ドアノッカーに手をのばそうとしています。

「やあ、ピグレット」と、プーは言いました。

「やあ、プー」と、ピグレット。

「何しようとしてるの？」

「ドアノッカーを鳴らそうとしてたんだ」と、ピグレット。「いま、来たところでね——」

「ぼくがやってあげるよ」と、プーは親切にもそう言って、ドアノッカーをつかみ、ドアをノックしました。「ちょうどいま、イーヨーに会ったんだよ」と、プーは話を始めます。「それで、かわいそうなイーヨーは、とても悲しんでるんだ。だって、今日は誕生日なのに、だれもおぼえてないから。すごく落ちこんでるんだよ、それに——あれ、どうしてだれも出ないの？」プーはもう一度ドアをノックしました。

"But, Pooh," said Piglet, "it's your house!"

"Oh!" said Pooh. "That's right. Well, let's go in."

The first thing Pooh did was to sec if he had a jar of honey left. He did have one, so he took it down.

"I'm giving this to Eeyore," he explained, "as a present. What is *your* present?"

"Couldn't I give it too?" said Piglet. "From both of us?"

"No," said Pooh. "That would *not* be a good plan."

"All right, then, I'll give him a balloon. I've got one left from my party. Shall I go and get it now?"

"That is a *very* good idea. A balloon will cheer Eeyore up."

So Piglet ran home; and Pooh went the opposite way with his jar of honey.

It was a long journey for Pooh. Halfway through, Pooh felt a funny feeling in his body. It was as if somebody were saying, "Pooh, it's time for a little something."

"Dear, dear," said Pooh, "I didn't know it was so late." He sat down and opened his jar of honey. "Luckily I have this." And he began to eat.

"Now," he thought, as he licked the last drop, "where was I going? Ah, yes, Eeyore."

■see if ～かどうか見る ■cheer ~ up ～を元気づける ■halfway through 道のりの半ばで ■dear 間 おやおや ■now 間 さて ■drop 名 一滴

「だって、プー」と、ピグレット。「ここは、きみのうちだよ！」

「あっ！」と、プー。「そうだった。じゃあ、入ろうか」

家に入るとまず、プーはハチミツのつぼが残っているか調べました。ひとつあったので、棚からおろしました。

「ぼく、これをイーヨーにあげるんだ」と、説明します。「プレゼントだよ。きみは何をあげるの？」

「ぼくも、それをあげてもいいかな？」と、ピグレット。「ふたりからってことで」

「だめだめ」と、プー。「それはいい考えじゃないと思うよ」

「わかった、じゃあ、風船をあげるよ。このまえのパーティーのが、ひとつ残ってるから。いま、とってこようか？」

「それは、とってもいい考えだね。風船をもらったら、イーヨーも元気になるよ」

そこで、ピグレットは走って帰りました。プーのほうは、ハチミツのつぼをもって、反対の方角へ行きました。

プーにとっては長い道のりでした。半分ほど行くと、体のなかで、なんだか妙な感じがしてきました。まるでだれかが、「プー、何か一口食べる時間だよ」と言っているようです。

「おやおや」と、プーは言いました。「もうそんな時間か」プーはすわって、ハチミツのつぼのふたをあけました。「これをもってて、よかった」そして、食べはじめたのです。

「さてと」最後の一滴をなめ終えると、プーは考えました。「どこへ行こうとしてたんだっけ？　あ、そうか、イーヨーのところだ」

Then, he remembered. He had eaten Eeyore's birthday present!

"*Bother!*" said Pooh. "What *shall* I do? I *must* give him *something*."

At first he couldn't think of anything. Then he thought: "Well, it's a nice pot, even if there's no honey in it. I could wash it, and have Owl write '*Happy Birthday*' on it. And Eeyore could keep things in it, which might be Useful." So Pooh went to find Owl for help.

"Good morning, Owl," he said.

"Good morning, Pooh," said Owl.

"It's Eeyore's birthday today," said Pooh.

"Oh, is it?"

"I'm giving him a Useful Pot, and I wanted to ask you—"

"Is this it?" said Owl, taking it from Pooh. "Somebody has been keeping honey in it."

"You can keep *anything* in it," said Pooh. "because it's Very Useful. And I wanted to ask—"

"You should write '*Happy Birthday*' on it."

■think of ～を思いつく　■even if たとえ～だとしても

そのとき、はっと思いだしました。イーヨーへの誕生日プレゼントを食べてしまったのです！

「まったくもう！」と、プーは言いました。「どうしよう？　何かあげなきゃいけないのに」

はじめのうちは、何も思いつきませんでした。でもそのあと、ふと思いました。「なかなかいいつぼだよ。たとえハチミツが入ってなくてもね。きれいに洗って、オウルに『お誕生日おめでとう』って書いてもらえばいいんだ。そしたら、イーヨーは何かを入れておけるから、便利かもしれないぞ」そこで、プーはオウルに手伝ってもらおうと、さがしにいきました。

「おはよう、オウル」と、プーは言いました。

「おはよう、プーさん」と、オウルが言います。

「今日はイーヨーの誕生日なんだ」と、プー。

「おや、そうなのですか？」

「ぼく、イーヨーに便利なつぼをあげるんだ。それで、きみに頼みたいんだけど——」

「これですかな？」と、オウルがプーから、つぼをとりあげて言いました。「だれかがなかにハチミツを入れていたようですね」

「なんでも入れておけるんだよ」と、プー。「とっても便利なつぼだからね。それで、きみに頼みたいんだけど——」

「『お誕生日おめでとう』と、書くべきですね」

"*That* was what I wanted to ask you," said Pooh. "My spelling is Wobbly and the letters get in the wrong places. Would *you* write 'Happy Birthday' for me?"

"It's a nice pot," said Owl, looking at it all round. "Couldn't I give it too? From both of us?"

"No," said Pooh. "That would *not* be a good plan. Now I'll just wash it first, and then you can write on it."

While Pooh washed and dried the pot, Owl wondered how to spell "birthday."

"Can you read, Pooh?" he asked nervously. "Could you read the sign outside my door, for example?"

"Yes, because Christopher Robin told me what it said."

"Well, then, I'll tell you what *this* says."

So . . . Owl wrote:

HIPY PAPY BTHUTHDTH THUTHDA BTHUTHDY.

Pooh admired the words.

"I wrote 'Happy Birthday'," said Owl.

"It's nice and long," said Pooh, impressed.

■wobbly 形フラフラする ■letter 名文字 ■all round まんべんなく ■for example たとえば ■admire 動 ～をほれぼれと眺める ■impressed 形感心して

「それそれ、それを頼みたかったんだよ」と、プー。「ぼくがつづりを書くと、字がふらふらしちゃって、まちがったところに行っちゃうんだ。ぼくのかわりに、『お誕生日おめでとう』と書いてくれませんか？」

「いいつぼですねえ」と、オウルはつぼをぐるりと回して見ながら言いました。「わたしも、これをあげられませんか？　ふたりからということで」

「だめだめ」と、プー。「それはいい考えじゃないと思うよ。じゃあ、まずこれを洗ってくるから、そのあとで書いてね」

プーがつぼを洗って乾かしているあいだ、オウルは「誕生日」のつづりを、ずっと考えていました。

「プーさん、あなた、字が読めますか？」と、オウルが心配そうに言いました。「たとえば、この家の玄関にある、貼り紙の字が読めますかな？」

「うん、だって、クリストファー・ロビンが、なんて書いてあるか読んでくれたから」

「なるほど、それでは、これはわたしが読んであげることにしましょう」

そうして……オウルは書きました。

おた　おたん　おたんじょ　おめで　おめとう。

プーは感動して見とれました。

「『お誕生日おめでとう』と書いたまでですよ」と、オウルは言いました。

「長くて、かっこいいねえ」と、プーはすっかり感心しています。

"Well, *actually*, I wrote 'A Very Happy Birthday with love from Pooh.' That's why it's all nice and long."

"Oh, I see," said Pooh.

10 While all this was happening, Piglet had found his balloon for Eeyore at home.

Piglet then ran as fast as he could to see Eeyore, thinking how he would like to be the first one to give Eeyore a present. Imagining how happy Eeyore would be, he didn't look where he was going... and suddenly he tripped, and fell on his face.

BANG!!!???***!!!

Piglet lay there, wondering what had happened. He thought that maybe he had blown up. Maybe he was now on the moon, and would never see Christopher Robin or Pooh or Eeyore again. And then he thought, "Even if I'm on the moon, I can't lie on the ground forever," so he stood up carefully. He looked around.

He was still in the Forest!

■that's why そんなわけで～だ ■as ~ as one can（人が）できるかぎり～ ■lay 動lie（横になる）の過去 ■blow up 爆発する ■lie on the ground 地面に横たわる

「まあ、じつをいいますと、『お誕生日おめでとうございます、プーより愛をこめて』と書いたのです。ですから、こんなに長くなるのですがね」

「へえ、そうなんだ」と、プーは言いました。

さて、こんなことが起こっているあいだに、ピグレットはイーヨーにあげる風船を家で見つけました。

そこでピグレットは全速力で走って、イーヨーに会いにいきました。イーヨーにまっさきにプレゼントをあげる人になりたかったのです。イーヨーがどんなに喜ぶだろうと考えていたので、足元を見ていませんでした……すると、いきなりつまづいて、顔から倒れてしまいました。

バン!!!???***!!!

ピグレットはそこに倒れたまま、何が起こったのだろうと思いました。そして、自分は爆発したのかもしれない、と思いました。もしかしたら、月まで飛んでしまって、クリストファー・ロビンにも、プーにも、イーヨーにも、もう会えないのかもしれません。それから、こう考えました。「もし月にいるとしても、いつまでも地面に倒れていられないや」そこで、そろそろと立ちあがって、あたりを見まわしました。

すると、まだ森のなかにいるではありませんか！

"That's funny," he thought. "I wonder what that bang was. And where's my balloon? What's this small piece of rag?"

It was thc balloon!

"Oh, dear!" said Piglet. "Oh, dearie, dear! It's too late. I can't go back, and I don't have another balloon. Maybe Eeyore doesn't *like* balloons so *very* much."

He walked on sadly until he found Eeyore.

"Good morning, Eeyore," said Piglet.

"Good morning, Little Piglet," said Eeyore. "If it *is* a good morning."

"Happy birthday," said Piglet.

Eeyore stopped and turned to stare at Piglet.

"Say that again," he said.

"Hap—"

"Wait a moment."

He lifted a leg carefully up to his ear. "It's so I can hear better," he explained.

"There, that's done! Now, what were you saying?" He pushed his ear forward with his hoof.

■bang 图バンという音 ■oh, dearie おや、まあ ■stare at ～をじっと見る ■done 形終った ■hoof 图ひづめ

「あれ、おかしいな」と、思いました。「さっきの、バンという音はなんだったんだろう。それに、風船はどこかな？　このぼろぼろの小さいのは何？」

それこそ、風船だったのです！

「わあ、ひええ！」と、ピグレット。「わあ、たいへんだ、どうしよう！　もう間にあわないよ。もう帰れないし、風船だって、もうないし。もしかしたら、イーヨーは風船のこと、そんなに好きじゃないかもしれないな」

ピグレットはしょんぼりして歩きつづけ、とうとうイーヨーを見つけました。

「おはよう、イーヨー」と、ピグレットは言いました。

「おはようさん、ピグレットぼうや」と、イーヨー。「いい朝だったら、いいんだがね」

「お誕生日おめでとう」と、ピグレット。

イーヨーは立ちどまってふり向き、ピグレットをじっと見つめました。

「もう1度言っておくれ」と、イーヨー。

「お誕生日――」

「ちょっと待った」

イーヨーは1本の足をゆっくりと、耳のところまでもちあげました。「こうすると、よくきこえるんじゃ」と、説明します。

「さあ、これでよし！　さて、おまえさんはなんと言ったのかね？」イーヨーは、ひづめで耳を前のほうに押しやりました。

"Happy birthday," said Piglet again.

"Meaning me?"

"Of course, Eeyore."

"Me having a real birthday?"

"Yes, Eeyore, and I have a present."

Eeyore took down his right hoof from his right ear. Then he put up his left hoof.

"Let me try this ear," he said. "What did you say?"

"A present," said Piglet loudly.

"Meaning me again?"

"Yes."

"My birthday still?"

"Yes, Eeyore. I brought you a balloon."

"A *balloon?*" said Eeyore. "One of those big colored things you blow up? Happiness, song-and-dance, round the mulberry bush?"

"Yes, but—I'm very sorry, Eeyore—but when I ran to bring it to you, I fell down."

"Dear, dear, how unlucky! Did you hurt yourself, Little Piglet?"

"No, but I—I—oh, Eeyore, I burst the balloon!"

There was a very long silence.

■fall down こける ■burst 動 割る

「お誕生日おめでとう」と、ピグレットはもう1度言いました。

「わしのかね？」

「もちろんだよ、イーヨー」

「ほんとに、わしの誕生日？」

「うん、イーヨー、それにプレゼントがあるんだよ」

イーヨーは、右のひづめを右の耳からおろしました。そして、左のひづめをもちあげました。

「こっちの耳でもきかせておくれ」と言います。「なんと言ったかな？」

「プレゼントだよ」と、ピグレットは大声で言いました。

「それも、わしに？」

「そうだよ」

「まだ、わしの誕生日かね？」

「うん、イーヨー、ぼく、風船をもってきたんだよ」

「風船？」と、イーヨー。「あの大きくて、色がついてて、ふくらますやつかね？　楽しく歌って踊って、クワ（マルベリー）の茂みのまわりを回るときの？」

「そうだよ、でも――ごめんね、イーヨー――走ってもってきたら、こけちゃったんだ」

「おやおや、運が悪かったのう！　けがはないかね、ピグレットぼうや？」

「ないよ、でも、ぼく――ぼく――ああ、イーヨー、ぼく風船をわっちゃったんだ！」

しーんと、長い沈黙がつづきました。

"My birthday balloon?" said Eeyore at last.

"Yes, Eeyore," said Piglet, sniffing. "Here it is. Hap—happy birthday." And he gave Eeyore the small piece of rag.

"Is this my present?" said Eeyore, surprised.

Piglet nodded.

"The balloon?"

"Yes."

"Thank you, Piglet," said Eeyore. "What color was this balloon when it—when it *was* a balloon?"

"Red."

"Red," he murmured to himself. "My favorite color… How big was it?"

"About as big as me."

"About as big as Piglet," he said to himself sadly. "My favorite size. Well, well."

Piglet felt awful, and didn't know what to say. He opened his mouth to say something, but then he heard a shout from far away. It was Pooh.

"Happy birthday," called Pooh.

"Thank you, Pooh," said Eeyore gloomily.

"I've brought you a little present," said Pooh excitedly.

■at last やっと　■sniff 動鼻をすする　■here it is これです　■well, well いやはや
■from far away 遠くから

「わしの誕生日の風船をかね？」と、やっとイーヨーが言いました。

「そうなんだ、イーヨー」と、ピグレットが鼻をすすります。「これだよ。お、お誕生日おめでとう」そして、イーヨーにぼろぼろの小さな切れはしをわたしました。

「これが、わしへのプレゼント？」と、イーヨーは驚いて言いました。

ピグレットはうなずきました。

「風船かね？」

「うん」

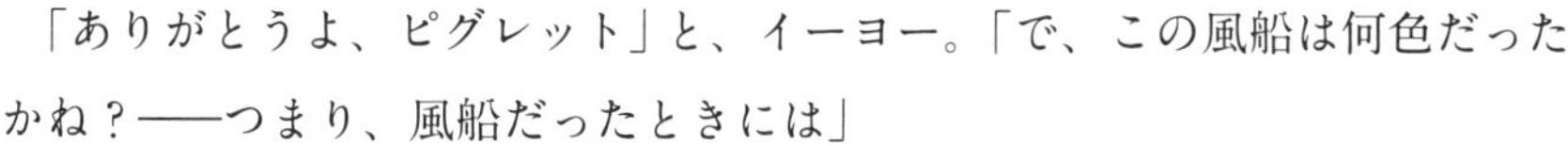

「ありがとうよ、ピグレット」と、イーヨー。「で、この風船は何色だったかね？——つまり、風船だったときには」

「赤色だよ」

「赤色か」と、ぼそぼそとつぶやきました。「わしの好きな色じゃ……で、大きさは？」

「ぼくと同じくらいだよ」

「ピグレットと同じくらいか」と、悲しそうに、またつぶやきました。「わしの好きな大きさじゃのう、いやはや」

ピグレットはたまらない気持ちになり、なんて言ったらいいのかわかりませんでした。口を開いて何か言おうとしたとき、遠くから大きな声がきこえました。プーです。

「お誕生日おめでとう」と、プーが呼びかけました。

「ありがとうよ、プー」と、イーヨーが陰気な声で言います。

「ちょっとしたプレゼントをもってきたよ」と、プーはうきうきした声で言いました。

Pooh splashed across the stream to Eeyore.

"It's a Useful Pot," said Pooh. "Here it is. It has 'A Very Happy Birthday with love from Pooh' written on it. And it's for putting things in there!"

When Eeyore saw the pot, he became excited.

"Why!" he said. "I believe my Balloon will fit into that Pot!"

"Oh, no, Eeyore," said Pooh. "Balloons are too big to fit into Pots. You have to hold the balloon—"

"Not mine," said Eeyore proudly. "Look, Piglet!"

And as Piglet turned sadly round, Eeyore picked the balloon up with his teeth, and placed it carefully in the pot. He picked it out and put it on the ground, then picked it up again and put it carefully back.

"So it does!" said Pooh. "It fits!"

"And it comes out too!" said Piglet.

"Yes," said Eeyore. "It goes in and out perfectly."

"I'm very glad," said Pooh happily, "that I gave you a Useful Pot to put things in."

"I'm very glad," said Piglet happily, "that I gave you Something to put in a Useful Pot."

■splash across（川などを）ざぶざぶとわたる ■fit into ～にぴったり合う ■proudly 副得意げに

そして小川をざぶざぶとわたって、イーヨーのところへ来ました。

「便利なつぼだよ」と、プー。「はい、どうぞ。『お誕生日おめでとうございます、プーより愛をこめて』って、書いてあるんだよ。なかにものを入れられるんだ！」

イーヨーはつぼを見ると、大喜びしました。

「なんと！」と、言います。「わしの風船が、そのつぼにすっぽり入るぞ！」

「えっ、だめだよ、イーヨー」と、プー。「風船は大きすぎて、つぼには入らないよ。風船は手にもたなきゃ——」

「わしのはちがうんじゃ」と、イーヨーは得意そうに言います。「ほらごらん、ピグレット！」

そして、ピグレットがしょんぼりしながら、ふり向くと、イーヨーは歯で風船をくわえて、そっとつぼのなかへ入れました。それから風船をくわえて出し、地面の上におくと、またくわえて、そっとなかへもどしました。

「ほんとだ！」と、プー。「入るね！」

「それに、出てくるよ！」と、ピグレット。

「そうとも」と、イーヨー。「かんぺきに出たり入ったりするんじゃ」

「ああ、よかった」と、プーは喜んで言いました。「ものを入れる便利なつぼをあげられて」

「ああ、よかった」と、ピグレットも喜んで言います。「便利なつぼに入れるものをあげられて」

But Eeyore wasn't listening. He was taking the balloon out, and putting it back in, feeling so very happy . . .

"Did *I* give him anything?" asked Christopher Robin sadly.

"Of course you did," I said. "You gave him—don't you remember—a little—a little—"

"I gave him a box of paints."

"That was it."

"Why didn't I give it to him in the morning?"

"You were busy getting his party ready. He had a cake with icing on top, and three candles, and his name in pink sugar, and—"

"Yes, *I* remember," said Christopher Robin.

■paint 名 絵の具 ■get ~ ready ～を準備する ■icing 名 砂糖衣、アイシング

でも、イーヨーはきいていませんでした。幸せな気持ちでいっぱいになりながら、風船を出したり、また入れたりしていたのです……。

「ぼくは、イーヨーに何もあげなかったの？」と、クリストファー・ロビンがさびしそうに言いました。

「もちろん、あげたよ」と、わたしは言いました。「きみはね——ほら、おぼえてないかな——小さな——小さな——」

「絵の具箱をあげたんだ」

「そう、それだ」

「どうして、ぼく、朝にあげなかったの？」

「誕生日パーティーの準備で忙しかったのさ。イーヨーはケーキをもらえたんだよ。砂糖がかかっていて、ローソクが3本立っていて、ピンク色の砂糖でイーヨーの名前が書かれてるんだ、それに——」

「うん、ぼく、思いだしたよ」と、クリストファー・ロビンは言いました。

覚えておきたい英語表現

Chapter Five

Now that this had been explained, Piglet thought it was a Cunning Trap. (p.94, 13行目)
こうして説明されると、なるほど、巧妙な罠だな、とピグレットは思いました。

［解説］「now that＋主語＋動詞」で「今や〜なのだから」と現在の状態になっていることが理由であることを表します。以下の例文からも感じられるように、「現在の状態にあること」が強調されています。

［例文］ Now that I'm retired from work, I can play golf every day.
（退職しているので、毎日ゴルフができます）

I'm relieved now that I've got a job with Sumitomo Bank.
（住友銀行に就職が決まったのでホッとしています）

Now that he has made up his mind, we should not say anything more.
（彼は腹を決めたのですから、私たちがこれ以上何も言うべきではありません）

Now that it's six o'clock, we can go home.
（6時なので私たちは帰ることができます）

If only I could *think* of something! (p.96, 2行目)
何か思いつかないかなあ！

［解説］If only！〜は「〜さえできたらいいのになあ」と現実とは異なる強い願望を表す仮定法の用法です。

［例文］ If only I could speak English fluently!
（英語が流暢に話せたらいいのになあ）

If only I were in my thirties!
（せめて30代だったらいいのになあ）

If only he were here with us!
（彼がここに一緒にいてくらたらいいのになあ）

…as if it were settled.（p.98, 2行目）
まるで、もう決まったかのようです。

［解説］ 現在の事実に反して「まるで〜あるかのように」と描写するときは「as if＋仮定法過去」の形を取ります。ifの代わりにthoughを用いることもできます。過去の事実に反して「まるで〜であったのように」と言いたいときは「as if＋仮定法過去完了」の形になります。

［例文］ He looks as if he were in his twenties.
（彼はまるで20代のように見えます）

He speaks to us as if he were an expert on investment.
（彼はまるで投資の専門家であるかのように私たちに話します）

She speaks English as if it were her native tongue.
（彼女はまるで母国語のように英語を話します）

She looked as if she had seen a ghost.
（彼女はまるで幽霊を見たかのような表情でした）

He was so ashamed that he ran straight home and went to bed.
（p.112, 下から6行目）
とてもはずかしくなって、まっすぐ家へ飛んでいき、ベッドにもぐりこみました。

［解説］ so 〜 that…の構文は「とても〜なので…である」「…するほど〜である」という意味を表します。thatは省略されることもあります。〜の部分に名詞が置かれるときは、suchが使われます。

［例文］ He is so busy that he has no time to study English.
（彼はとても忙しいので、英語を勉強する時間が全くありません）

覚えておきたい英語表現

The weather was so nice that we went on a picnic.
（天気がとてもよかったので、私たちはピクニックに行きました）

It was such an easy quiz that I finished it in ten minutes.
（それはとても簡単な試験だったので、10分でやり終えました）

Jack is such a kind boy that everyone respects him.
（ジャックはとても親切な男の子なので、みんなが尊敬しています）

Karen was such a beautiful actress that everyone liked her.
（カレンはとても美しい女優だったので、みんなに好かれました）

場所や建物を示す名詞が本来の目的を表している場合は、その名詞に冠詞はつきません。ここでのbedは「物」ではなく「機能」を表しているので、無冠詞になっています。例文のchurch, college, schoolも同じ用法です。

［例文］ I go to church on Sundays.
（日曜日に教会へ行きます）

He goes to college in the West Coast.
（彼は西海岸の大学へ通っています）

Where do you go to school?
（学校はどちらですか）

School is over at six o'clock.
（学校は6時に終わります）

CHAPTER SIX

The happiest day of the year. (p.118, 5行目)
一年で一番楽しい日じゃ。

[解説] 最上級は「最も〜である」という意味を表します。最上級にする場合は、子音字＋[y]の語は[y]を[i]に変えてから[est]をつけるという規則があります。happyの最上級がhappiestになっているのはこの規則のためです。他には、busy ⇒ busiest, early ⇒ earliest, easy ⇒ easiestなどがあります。以下の例文には本文と同じように、「最上級＋名詞」の語順となるものをあげておきます。

[例文] Friday is the busiest day of the week for me.
（私は金曜日が週の中で一番忙しいです）

Mt. Fuji is the highest mountain in Japan.
（富士山は日本で一番高い山です）

The Yangzi River is the longest river in Asia.
（長江はアジアで一番長い川です）

The oldest child goes to high school.
（一番上の子は高校生です）

He is the fastest runner in our class.
（彼はクラスで一番足が速いです）

Let me do it for you,... (p.120, 下から5行目)
ぼくがやってあげるよ。

[解説]「let me＋動詞の原形」で「私に〜させてください」という意味を表します。許可を求めたり、申し出をするときの表現です。会話では、let の[t]の音が脱落して、「レミ」のように発音されます。発音綴りでは lemmeと表されます。これを覚えておくと発音と聞き取りに役立ちます。

覚えておきたい英語表現

［例文］ Let me see.
（えーと／うーん）

Let me give you a piece of advice.
（ひと言アドバイスさせてください）

Let me introduce myself. I'm Rick Porter.
（自己紹介させてください。私はリック・ポーターです）

Let me tell you something.
（ひと言っておくよ）

Let me sleep on it.
（考えさえてください）

Well, it's a nice pot, even if there's no honey in it. （p.124, 6行目）
なかなかいいつぼだよ。ハチミツが入っていなくてもね。

［解説］ even ifは「主語＋動詞」を従えて「たとえ～であっても」という意味を表す接続詞です。even thoughという接続詞がありますが、これが「～にもかかわらず」と既知の内容を表すのに対して、even ifは「たとえ～しても」と仮定の内容を表します。

［例文］ We will have a field trip even if it rains tomorrow.
（たとえ明日雨が降っても、私たちは実地研修旅行に行きます）

Even if my father is against it, I'm going to study abroad.
（たとえ父が反対しても、私は留学します）

Eat fruit and vegetables even if you don't like them.
（たとえ好きでなくても、果物と野菜を食べなさい）

She will buy the handbag even if it costs over 2,000 dollars.
（たとえ2,000ドル以上しても、彼女はそのハンドバッグを買うでしょう）

She will buy the handbag even though it costs over 2,000 dollars.
（2,000ドル以上しますが、彼女はそのハンドバッグを買うでしょう）

Piglet then ran as fast as he could to see Eeyore... (p.128, 6行目)
そこでピグレットは全速力で走って、イーヨーに会いに行きました。

［解説］ as ～ as one canは「できるだけ～」という意味を表します。ran as fast as he couldは「できるだけ速く走った」ということです。また、as ～ as one can はas ～ as possibleに書き換えることができます。

［例文］ Don't worry. We're going as fast as we can.
（心配入りません。私たちはできるだけ早く行きますから）

She always works as hard as she can.
（彼女はいつもできる限り一生懸命に仕事をしています）

Call me as soon as you can.
（できるだけ早く電話してください）

He ate as many dumplings as he could.
（彼はできるだけたくさん餃子を食べました）

CHAPTER SEVEN

In which Kanga and Baby Roo come to the Forest, and Piglet has a bath

Nobody knew where they came from, but there they were in the Forest: Kanga and Baby Roo. When Pooh asked Christopher Robin, "How did they come here?" Christopher Robin said, "The Usual Way, if you know what I mean, Pooh." Pooh, who didn't know what that meant, said "Oh!" He went to his friend Piglet to see if *he* knew. And at Piglet's house he found Rabbit. So they all talked about it together.

"This is what I don't like about it," said Rabbit. "Here we are—you, Pooh, and you, Piglet, and Me—and suddenly—"

"And Eeyore," said Pooh.

"And Eeyore—"

■have a bath おふろに入る ■usual way いつものように

第7章

カンガとベイビー・ルーが森へやってきて、コブタがおふろに入る

どこからやってきたのか、だれも知りませんが、ふたりはたしかに森のなかにいました。カンガと、ベイビー・ルーです。プーがクリストファー・ロビンに、「あのふたりは、どうやってここへ来たの？」ときくと、クリストファー・ロビンは答えました。「いつものようにだよ、どういう意味かわかればだけどね、プー」プーはその意味がわかりませんでしたが、「ああ、なるほど！」と言いました。そして、友だちのピグレットのところへ、知っているかどうか、ききにいきました。すると、ピグレットの家にはラビットもいたのです。そこで、3人で話しあいました。

「こういうのは気に入らないね」と、ラビットが言いました。「ここにいるのは、おいらたちだ——つまり、あんた、プーだろ、それにあんた、ピグレットだろ、それにおいらだろ——そこへさ、いきなり——」

「それに、イーヨーがいるよ」と、プーが言いました。

「それに、イーヨーだろ——」

"And Owl," said Pooh.

"And Owl—and suddenly—"

"Oh, and Eeyore," said Pooh. "I was forgetting *him*."

"Here—we—are," said Rabbit very slowly and carefully, "all—of—us, and then, suddenly, we wake up, and what do we find? Strange Animals! An animal who carries her family in her pocket! What if *I* carried *my* family in *my* pocket, how many pockets should I have?"

"Sixteen," said Piglet.

"Seventeen, I believe?" said Rabbit. "And one more for a handkerchief—that's eighteen. Eighteen pockets in one suit!"

There was a long and thoughtful silence...

"The question is, what do we do about Kanga?" said Piglet.

"The best way," said Rabbit, "would be this. We should steal Baby Roo and hide him, and then when Kanga says, 'Where's Baby Roo?' we say, '*Aha!*'"

"*Aha!*" said Pooh, practicing. "*Aha! Aha!* ... Of course, we could say 'Aha!' even if we didn't steal Baby Roo."

"Pooh," said Rabbit kindly, "you don't have any brain."

"I know," said Pooh.

■strange 形 変な ■suit 名 (一組の) 衣服 ■steal 動 盗む ■practice 動 練習する

「それに、オウルも」と、プー。

「それに、オウルだろ――そこへさ、いきなり――」

「ああ、それに、イーヨーだ」と、プー。「イーヨーを忘れるところだった」

「ここにはさ――おいらたちが――いるんだぜ」と、ラビットはとてもゆっくり、かんでふくめるように言いました。「この――おいらたち――みんなだ、そこへさ、いきなり目がさめたら、何を見つけるって？　変てこな動物だ！　家族をポケットに入れて運ぶ動物だぞ！　もし、おいらの家族をポケットに入れて運んだら、ポケットがいくついると思う？」

「16個だ」と、ピグレット。

「たしか、17個だろ？」と、ラビット。「それに、ハンカチを入れるのにもう1個で――ぜんぶで18個だ。1着に18個のポケットだぜ！」

みんな考えながら、長いあいだ黙りこみました……。

「それより、問題はカンガをどうするかでしょ？」と、ピグレットが言いました。

「一番いいのは」と、ラビット。「こうすることさ。ベイビー・ルーを盗んで隠すんだ。それで、カンガが『ベイビー・ルーはどこ？』ってきいたら、おいらたちは、『へへン！』って言うんだ」

「へへン！」と、プーが練習してみました。「へへン！　へへン！……でも、もちろん、ベイビー・ルーを盗まなくても、『へへン！』って言えるよね」

「プー」と、ラビットがやさしい声で言いました。「あんたは頭がよくないな」

「知ってるよ」と、プー。

"We say *'Aha!'* because it means 'We'll tell you where Baby Roo is, if you promise to go away from the Forest and never come back.' Now let me think."

"There's just one thing," said Piglet. "Christopher Robin said that a Kanga was One of the Fiercer Animals. I am not frightened of regular Fierce Animals, but if One of the Fiercer Animals Lost Its Baby, it becomes as fierce as Two of the Fiercer Animals. And then maybe *'Aha!'* is a *foolish* thing to say."

"Piglet," said Rabbit, "you are not very brave."

"It is hard to be brave," said Piglet, "when you're only a Very Small Animal."

Rabbit said: "Even if you are a very small animal, you will be very Useful in our adventure."

Piglet was so excited at the idea of being Useful that he forgot to be frightened.

"I suppose *I* can't be useful?" said Pooh sadly.

"Never mind, Pooh," said Piglet comfortingly. "Another time maybe."

"Without Pooh," said Rabbit seriously, "this adventure would be impossible."

"Oh!" said Piglet, and tried not to look disappointed.

But Pooh said proudly to himself, "Impossible without Me!"

■go away 立ち去る ■let me think ちょっと考えさせて ■suppose 動 ～と推測する ■never mind 気にしないで ■comfortingly 副 慰めるように ■disappointed 形 がっかりした

「おいらたちが『ヘヘン！』って言うのはさ、『ベイビー・ルーの居場所を教えてやってもいいよ。ただし、あんたらが森から出てって、もどらないって約束するんならな』っていう意味なのさ。さあ、ちょっと考えさせてくれ」

「あの、ひとつだけ、いいかな」と、ピグレット。「クリストファー・ロビンが、カンガは猛獣の仲間だって言ってたよ。ぼくは、ふつうの猛獣だったらこわくないよ。でも猛獣が赤ちゃんをとられたら、猛獣を2匹あわせたくらいすごい猛獣になるよ。それで、そんなときに『ヘヘン！』って言うのは、まずいんじゃないかなあ」

「ピグレット」と、ラビットが言います。「あんた、勇気がないな」

「勇敢になるのはたいへんなんだ」と、ピグレット。「とくに、こんなに小さな動物だとね」

ラビットが言います。「どんなに小さな動物だって、この冒険じゃ、すごく役にたつさ」

ピグレットは、自分が役にたてると思うとわくわくして、こわいのも忘れました。

「ぼくは役にたたないんだね？」と、プーがしょんぼりして言いました。

「気にしないで、プー」と、ピグレットが慰めるように言います。「また今度があるよ」

「プーがいなくちゃ」と、ラビットがまじめな声を出しました。「この冒険はできないんだぜ」

「へえ！」と、ピグレットは言って、がっかりしていないふりをしました。

でも、プーは得意げにつぶやきます。「このぼくがいなくちゃ、できないんだ！」

"Now listen," said Rabbit. He had written down a plan. Pooh and Piglet sat and listened, excited. This was what Rabbit read out:

PLAN TO CAPTURE BABY ROO

1. *General Thoughts*. Kanga runs faster than any of Us, even Me.
2. *More General Thoughts*. Kanga is always watching Baby Roo, except when he's safe in her pocket.
3. *Therefore*. If we want to capture Baby Roo, we must have an Early Start, because Kanga runs faster than any of Us, even Me. (*See* 1.)
4. *A Thought*. If Roo jumped out of Kanga's pocket and Piglet jumped in, Kanga wouldn't know the difference, because Piglet is a Very Small Animal.
5. Like Roo.
6. But Kanga would have to be looking the other way, so she would not see Piglet jumping in.

■write down 書き留める ■read out 音読する ■capture 動 捕獲する ■general thought 一般的考察 ■except 接 ～を除いて ■therefore 副 それゆえに

カンガとベイビー・ルーが森へやってきて、
コブタがおふろに入る

「さあ、きいてくれ」と、ラビットが言いました。計画を紙に書いたのです。プーとピグレットはすわって、どきどきしながら耳をかたむけました。ラビットが声に出して読んでいきます。

ベイビー・ルー捕獲計画

1. 〈一般的考察〉カンガはおいらたちのだれよりも、このおいらよりも、足が速い。
2. 〈続・一般的考察〉カンガは、ベイビー・ルーが安全にポケットに入っているとき以外は、ぜったいにベイビー・ルーから目をはなさない。
3. 〈それゆえに〉ベイビー・ルーを捕まえたかったら、早々と始めなければならない。カンガはおいらたちのだれよりも、このおいらよりも、足が速いからである(1を参照のこと)。
4. 〈一案〉もし、ルーがカンガのポケットから飛び出して、ピグレットが飛びこんだら、カンガはちがいに気づかないだろう。ピグレットはとても小さな動物だから。
5. ルーと同じように。
6. ただし、ピグレットが飛びこんだと気づかれないように、カンガがよそ見している必要がある。

7. *See* 2.
8. *Another Thought*. If Pooh talked to her excitedly, she might look the other way for a moment.
9. And then I could run away with Roo.
10. Quickly.
11. *And Kanga wouldn't discover the difference until Afterwards.*

Rabbit read this proudly, and for a while nobody said anything. And then Piglet managed to say quietly:

"And—Afterwards?"

"What do you mean?"

"When Kanga *does* Discover the Difference?"

"Then we all say '*Aha!*'"

"All three of us?"

"Yes."

"Oh!"

"Why, what's wrong, Piglet?"

"Nothing," said Piglet, "as long as *we all* say it. I don't want to say '*Aha!*' by myself."

"All right. Well, Pooh? Do you know what to do?"

"Not yet," said Pooh Bear. "What *do* I do?"

■discover the difference ちがいに気づく ■manage to なんとか～する ■afterwards 副 そのあと ■what's wrong どうかしたの

7. ２を参照のこと。
8. 〈別案〉もしプーがさも楽しそうに話しかけたら、カンガは一瞬、よそ見するかもしれない。
9. そのとき、おいらがルーをつれて逃げる。
10. ささっと。
11. すると、カンガはあとになるまで、ちがいに気づかないだろう。

ラビットがこれを自信たっぷりに読みあげると、しばらくのあいだ、だれも何も言いませんでした。それから、ピグレットがようやく小さな声で言いました。

「それで――あとになったら？」

「どういう意味？」

「カンガが、ちがいに気づいたら？」

「そしたら、みんなで『へへン！』って言うのさ」

「ぼくたち3人で？」

「そうさ」

「ええっ！」

「なんだよ、何がいけないんだよ、ピグレット？」

「べつに何も」と、ピグレット。「ぼくたちみんなで言うんならね。でも、ぼくひとりで『へへン！』って言うのはいやなんだ」

「ああ、大丈夫さ。で、プーは？　どうすればいいか、わかってるか？」

「まだ、わからない」と、クマのプー。「何をすればいいの？」

"Well, you have to talk a lot to Kanga so she doesn't see anything."

"Oh! What about?"

"Anything."

"Can I tell her a poem?"

"Yes, of course," said Rabbit. "Wonderful. Now let's go."

So they went out to look for Kanga.

Kanga and Roo were having a quiet afternoon together. Baby Roo was practicing small jumps in the sand. Kanga was walking around saying "Just one more jump, dear, and then we must go home."

At that moment, Pooh appeared.

"Good afternoon, Kanga."

"Good afternoon, Pooh."

"Look at me jumping," squeaked Roo.

"Hallo, Roo!"

"We were just going home," said Kanga. "Good afternoon, Rabbit. Good afternoon, Piglet."

■poem 名 詩 ■look for ～をさがす ■squeak 動 甲高い声を出す

「だからさ、カンガにいっぱい話しかけて、何も見ないようにするんだ」

「あ、そうか！　なんの話をすればいい？」

「なんでもいいさ」

「詩をきかせてあげてもいい？」

「ああ、もちろん」と、ラビット。「最高だ。じゃ、行くぞ」

そこで、3人はカンガをさがしに出かけました。

カンガとルーは、ふたりで静かな午後を過ごしていました。ベイビー・ルーは砂の上で、小さくジャンプする練習をしています。カンガがそのまわりを歩きながら、「あと1回だけジャンプしてね、ぼうや。そしたら、おうちへ帰りましょう」と言っています。

ちょうどそのとき、プーが現れました。

「こんにちは、カンガ」

「こんにちは、プー」

「ぼくのジャンプを見て」と、ルーがキーキー声で言いました。

「やあ、ルー！」

「ちょうど帰ろうとしていたところなの」と、カンガが言います。「こんにちは、ラビット。こんにちは、ピグレット」

Rabbit and Piglet said "Good afternoon," and "Hallo, Roo." Roo asked them to watch him jump, so they stayed and watched.

And Kanga watched too . . .

"Oh, Kanga," said Pooh, after Rabbit had winked at him twice, "Do you like Poetry?"

"Not really," said Kanga.

"Oh!" said Pooh.

"Roo, dear, just one more jump and then we must go home."

There was a short silence while Roo continued jumping.

"Go on," said Rabbit in a loud whisper.

"I made up a little poem as I came here," said Pooh. "It went like this. Er—now let me see—"

"Lovely!" said Kanga. "Now Roo, dear—"

"You'll like this piece of poetry," said Rabbit.

"Don't miss any of it," said Piglet.

"Oh, yes," said Kanga, but she was still looking at Baby Roo.

"*How* did it go, Pooh?" said Rabbit.

Pooh gave a little cough and began.

■poetry 名詩 ■go on 始める ■piece 名作品 ■miss 動逃す ■cough 名咳

ラビットとピグレットも「こんにちは」と言い、「やあ、ルー」と言いました。ルーが自分のジャンプを見てほしいと言うので、みんなでしばらく眺めることにしました。

カンガも、じっと見ています……。

「あ、そうだ、カンガ」と、ラビットが2回もウインクしたあとで、プーが言いました。「詩は好きかな？」

「いいえ、あんまり」と、カンガは言いました。

「ええっ！」と、プー。

「ルーちゃん、もう1回ジャンプしたら、おうちへ帰るのよ」

しばらくその場がしーんとして、ルーだけがジャンプを続けています。

「ほら、やれよ」と、ラビットが大きな、でも押し殺したような声で言います。

「ここにくる途中で、短い詩を作ったんだ」と、プー。「こんなのだよ。あのね——えーっと——」

「まあ、すてき！」と、カンガ。「さあ、ルーちゃん——」

「この詩はきっと気に入るぜ」と、ラビットが言いました。

「一言もききのがしちゃだめだよ」と、ピグレット。

「はいはい」と、カンガは言いましたが、やはりベイビー・ルーから目をはなしません。

「どんな詩だったっけ、プー？」と、ラビット。

プーは、小さく咳払いをしてから、始めました。

LINES WRITTEN BY A BEAR OF VERY LITTLE BRAIN

On Monday, when the sun is hot
I wonder to myself a lot:
"Now is it true, or is it not,
"That what is which and which is what?"

On Tuesday, when it hails and snows,
The feeling on me grows and grows
That hardly anybody knows
If those are these or these are those.

On Wednesday, when the sky is blue,
And I have nothing else to do,
I sometimes wonder if it's true
That who is what and what is who.

On Thursday, when it starts to freeze
And hoar-frost twinkles on the trees,
How very readily one sees
That these are whose—but whose are these?

On Friday—

■line 名詩 ■hail 動あられが降る ■freeze 動凍る ■hoar-frost 名霜 ■readily 副すぐに

カンガとベイビー・ルーが森へやってきて、
コブタがおふろに入る

頭のよくないクマが書いた詩

月曜日　おひさま照って　あついとき
ぼくは　よくよく　考える
「ほんとかな、うそなのかな
なにがどれで、どれがなに？」

火曜日　雪やあられが　ふってるとき
こんな　気持ちが　高まるよ
だあれも　それを　知らないよ
これがあれで、あれがこれ

水曜日　空がとても　青いとき
ほかには　なにも　することない
ときどき思う　ほんとかな
だれがなにで、なにがだれ。

木曜日　凍りそうに　寒いとき
木には　霜がきらきらと
こんなに　すぐに　わかるんだ
これはだれので、だれのがこれ？

金曜日——

"How nice," said Kanga. She did not wait to hear what happened on Friday. "Just one more jump, Roo, dear, and then we *must* be going home."

"Talking of Poetry," said Pooh quickly, "have you ever noticed that tree over there?"

"Where?" said Kanga. "Now, Roo—"

"Over there," said Pooh, pointing behind Kanga's back.

"No," said Kanga. "Now jump in, Roo, dear, and we'll go home."

"You should look at that tree over there," said Rabbit. "Shall I help you in, Roo?" And he picked up Roo in his paws.

"I can see a bird in the tree," said Pooh. "Or is it a fish?"

"You should see that bird from here," said Rabbit. "Unless it's a fish."

■over there 向こうに ■unless 接 ～でない限り

「まあ、すてき」と、カンガが言いました。金曜日に何があるのか、きくまで待ってくれません。「もう1回だけよ、ルーちゃん。そしたら、ほんとに帰るのよ」

「詩といえばね」と、プーがあわてて言います。「向こうの木のこと、気がついてた？」

「どこのかしら？」と、カンガは言いました。「さあ、ルー――」

「向こうのだよ」と、プーが、カンガの後ろを指さしました。

「いいえ」と、カンガ。「さあ、なかに入りなさい、ルーちゃん、おうちへ帰りましょう」

「向こうの木を見たほうがいいよ」と、ラビットが言います。「おいらが手伝ってやろうか、ルー？」そして、ルーを抱きあげました。

「木に鳥がとまってるのが見えるんだ」と、プー。「それとも、魚かな？」

「ここから鳥を見なくっちゃ」と、ラビット。「魚じゃなけりゃね」

Finally, Kanga turned her head to look. The moment her head was turned, Rabbit said in a loud voice "In you go, Roo!" and Piglet jumped into Kanga's pocket. Rabbit ran off with Roo in his paws, as fast as he could.

"Why, where's Rabbit?" said Kanga, turning round again. "Are you all right, Roo, dear?"

Piglet made a squeaky Roo-noise.

"Rabbit had to go away," said Pooh. "I think he had something he had to do suddenly."

"And Piglet?"

"I think Piglet thought of something at the same time. Suddenly."

"Well, we must go home," said Kanga. "Goodbye, Pooh."

And in three large jumps she was gone.

Pooh looked after her as she went.

"I wish I could jump like that," he thought.

Piglet wished that Kanga couldn't jump. He had once also wished that he could fly, but now that he was at the bottom of Kanga's pocket, he thought,

"If this is flying I shall never like it very much."

■in you go　you go in（入って）の倒置　■run off　逃げさる　■look after　～を見送る
■I wish I could ~　～できたらいいのになあ　■now that　いまや～なので

カンガとベイビー・ルーが森へやってきて、
コブタがおふろに入る

とうとう、カンガはふり向いて、後ろを見ました。そのふり向いた瞬間に、ラビットが大きな声で「さ、入って、ルー！」と言い、ピグレットがカンガのポケットに飛びこみました。ラビットはルーを抱いて、一目散に逃げさります。

「あら、ラビットはどこかしら？」と、カンガが、またこちらを向いて言いました。「ちゃんと入ったの、ルーちゃん？」

ピグレットが、キーキーと、ルーのような声を出します。

「ラビットは、行かなきゃならないんだって」と、プー。「急に用事を思いだしたんだと思うよ」

「それじゃ、ピグレットは？」

「ピグレットも、同時に何か思いだしたんだ。急にね」

「そう、じゃあ、わたしたちも帰らなくちゃね」と、カンガ。「さようなら、プー」そして大きく3回跳んで、行ってしまいました。

プーはそのようすを見送りました。

「ぼくも、あんなふうに跳べたらいいなあ」と思ったのです。

でもピグレットのほうは、カンガが跳べなければいいのに、と思っていました。ピグレットも以前は、空を飛べたらいいなあ、と思ったことがありました。でもいま、カンガのポケットの底にいると、こんなふうに思うのです。

「もし これが 飛ぶって ことなら、ぼく、もう ぜったい 飛びたく なんか ない や」

He was saying, "*Ooooooo-ow, Ooooooo-ow, Ooooooo-ow*" all the way to Kanga's house.

As soon as Kanga arrived home, she saw what had happened. She wasn't worried because she knew Christopher Robin would never let anything bad happen to Roo. So she said to herself, "If they are playing a joke, I will play a joke too."

"Now, Roo, dear," she said, as she took Piglet out of her pocket. "Bedtime."

"*Aha!*" said Piglet. It wasn't a very good "*Aha!*"

Piglet looked round for the others.

But the others weren't there. Rabbit was playing with Baby Roo in his own house, loving him more and more every minute. And Pooh, who had decided to be a Kanga, was still practicing jumps.

"I think," said Kanga, "that it would be a good idea to have a *cold* bath first. Would you like that, Roo, dear?"

Piglet had never really liked baths. He tried to sound brave when he said:

■as soon as ～するとすぐに ■play a joke いたずらをする ■more and more ますます ■every minute 1分ごとに ■would you like ~? ～したいですか？ ■sound 動 声を発する

カンガとベイビー・ルーが森へやってきて、
コブタがおふろに入る

ピグレットは、カンガの家までのあいだじゅう、「うううううう――アイタッ、うううううう――アイタッ、うううううう――アイタタッ」と言っていたのです。

カンガは家へつくとすぐ、何が起こったのか気づきました。でも、心配はしませんでした。クリストファー・ロビンがいれば、ルーに悪いことが起こるはずがないと知っていたからです。そこで、心のなかで思いました。「みんなでいたずらしてるんなら、わたしだって、やってあげるわ」

「さあ、ルーちゃん」と言いながら、カンガはピグレットをポケットから出しました。「ねんねの時間ですよ」

「へヘン！」と、ピグレットが言いました。でも、あんまりいい「へヘン！」ではありません。

ピグレットはまわりを見て、みんなをさがしました。

でも、ほかにはだれもいません。ラビットは、自分の家でベイビー・ルーと遊んでいて、時間がたてばたつほど、ますますルーが好きになっていました。そしてプーはと言えば、カンガのようになろうと決心して、まだジャンプの練習をしているのでした。

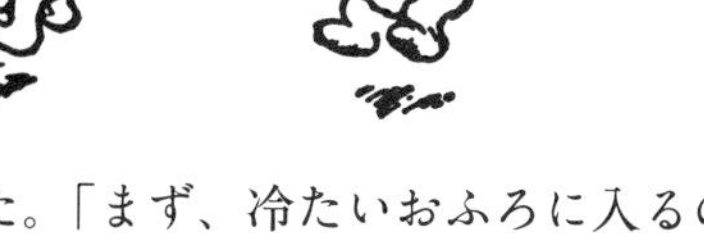

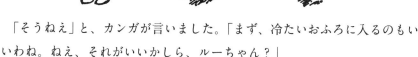

「そうねえ」と、カンガが言いました。「まず、冷たいおふろに入るのもいいわね。ねえ、それがいいかしら、ルーちゃん？」

ピグレットは、おふろが好きではありません。勇ましい声を出そうとしながら、こう言いました。

"Kanga, it's time to tell you the truth."

"Funny little Roo," said Kanga, as she got the bath-water ready.

"I am *not* Roo," said Piglet loudly. "I am Piglet!"

"Yes, dear, yes," said Kanga. "And imitating Piglet's voice too! How clever." She took a large bar of yellow soap from the cupboard.

"Can't you *see*?" shouted Piglet. "*Look* at me!"

"I *am* looking, Roo, dear," said Kanga, rather severely. "Now, into the bath, and don't make me tell you again."

Before he knew it, Kanga began washing him.

"*Ow!*" cried Piglet. "Let me out! I'm Piglet!"

"Don't open your mouth, dear, or the soap goes in," said Kanga. "There! See?"

"You—you—you did it on purpose," said Piglet . . . and then got more soap in his mouth.

"Don't say anything, dear," said Kanga. In another minute Piglet was out of the bath, and being dried with a towel.

■imitate 動まねをする ■bar 名棒(状のもの) ■rather 副少々 ■severely 副きびしく ■on purpose わざと

「カンガ、そろそろ、本当のことを言うときだね」

「まあ、おかしなルーちゃん」と言って、カンガがおふろの用意をはじめます。

「ぼくは、ルーじゃない」と、ピグレットは大声で言いました。「ぼくは、ピグレットだ！」

「はい、はい、ぼうや」と、カンガ。「ピグレットの声まで、まねしてるのね！　ほんとに、おりこうさん」そして戸棚から、大きな黄色いせっけんをとりだしました。

「わからないの？」ピグレットは、どなりました。「ぼくを見てよ！」

「見てますよ、ルーちゃん」と、カンガが少しきびしい声を出します。「さあ、おふろに入りなさい。2度も言わせないでちょうだい」

気がついたときにはもう、カンガはピグレットを洗いはじめていました。

「わあ！」ピグレットが悲鳴をあげます。「出して！　ぼくはピグレットだよ！」

「口をあけちゃだめよ、ぼうや、石けんが入るから」と、カンガ。「ほら！言ったとおりでしょ？」

「きみ——きみ——わざとやったんだろ」と言うと……もっとたくさんの石けんが口に入りました。

「もう、しゃべっちゃだめよ、ぼうや」と、カンガが言いました。そして1分もすると、ピグレットはおふろから出されて、タオルでふかれました。

At that moment there was a knock at the door.

"Come in," said Kanga, and in came Christopher Robin.

"Christopher Robin!" cried Piglet. "Tell Kanga who I am! She keeps saying I'm Roo. I'm *not* Roo, am I?"

Christopher Robin looked at him carefully, and shook his head.

"You can't be Roo," he said, "because I've just seen Roo in Rabbit's house."

"Well!" said Kanga. "I can't believe I made this mistake."

"I told you so!" said Piglet. "I'm Piglet."

Christopher Robin shook his head again.

"Oh, you're not Piglet," he said. "I know Piglet well, and he is *not* this color."

■at the moment ちょうどそのとき ■come in どうぞお入りください ■keep saying 言い続ける

ちょうどそのとき、玄関のドアをノックする音がしました。

「はい、どうぞ」とカンガが言うと、入ってきたのは、クリストファー・ロビンでした。

「クリストファー・ロビン！」ピグレットは叫びました。「ぼくがだれか、カンガに言ってよ！　ぼくのことをルーだって言って、きかないんだ。ぼく、ルーじゃないよね？」

クリストファー・ロビンはピグレットをしげしげと見て、首をふりました。

「ルーのはずがないよ」と言います。「だって、ルーがラビットのうちにいるのを見てきたとこだからね」

「あらまあ！」と、カンガ。「こんなまちがいをするなんて、信じられないわ」

「だから言ったでしょ！」と、ピグレット。「ぼくはピグレットだよ」

クリストファー・ロビンは、再び首をふりました。

「いや、きみはピグレットじゃないよ」と言います。「ぼくはピグレットをよく知ってるけど、こんな色じゃないよ」

"I knew it wasn't Piglet," said Kanga. "I wonder who it is."

"Maybe it's one of Pooh's family," said Christopher Robin. "Maybe a nephew or an uncle?"

Kanga agreed, and said that they should call it by a name.

"I shall call it Pootel," said Christopher Robin. "Henry Pootel."

And just when it was decided, Henry Pootel jumped out of Kanga's arms. He ran faster than he ever had in his life.

When he was close to his house, he stopped running, and rolled the rest of the way home to get his own color again...

So Kanga and Roo stayed in the Forest. Every Tuesday after that Roo spent the day with his great friend Rabbit, Kanga spent the day with her great friend Pooh, teaching him to jump, and Piglet spent the day with his great friend Christopher Robin. So they were all happy again.

■nephew 名 おいっこ　■agree 動 賛成する　■just when ～のとたんに

「わたしも、ピグレットじゃないって、わかってたわ」と、カンガ。「いったいだれかしら」

「たぶん、プーの親戚かもしれないね」と、クリストファー・ロビン。「おいっことか、おじさんとか？」

カンガが賛成して、名前で呼んであげたほうがいいと言いました。

「じゃ、プーテルって呼ぼう」と、クリストファー・ロビンは言いました。「ヘンリー・プーテルだ」

そう決まったとたん、ヘンリー・プーテルはカンガの腕のなかから飛びだしました。そして、生まれてからこんなに速く走ったことがないほど、一目散に走りました。

家のそばまで来ると、走るのをやめて、あとの道を転がっていきました。もとの色をとりもどすために……。

こうして、カンガとルーは森にいることになりました。そして毎週火曜日になると、ルーは親友のラビットと1日を過ごし、カンガは親友のプーと過ごしてジャンプのしかたを教え、ピグレットは親友のクリストファー・ロビンと過ごしました。そうして、みんなは再び幸せに暮らしたのでした。

13

CHAPTER EIGHT

In which Christopher Robin leads an expotition to the North Pole

One fine day Pooh stumped up to the top of the Forest to find his friend Christopher Robin. At breakfast that morning (a simple meal of jam with a honeycomb or two) he had suddenly thought of a new song. It began like this:

"Sing Ho! for the life of a Bear."

Then he thought to himself, "That's a very good start for a song, but what about the rest?" He tried singing "Ho," two or three times, but it didn't help. "Very well, then," he said, "I shall sing that first line twice. Maybe if I sing it very quickly, I will suddenly start singing the third and fourth lines. That will be a Good Song. Now then:"

■North Pole 北極 ■up to the top てっぺんへ ■meal 名食事 ■honeycomb 名ハチの巣 ■now then さあ、やろう

第8章

クリストファー・ロビンが北極へタンクン*にいく

　ある日、プーは森のてっぺんへ、友だちのクリストファー・ロビンをさがしにいきました。その日の朝、ごはん（ミツバチの巣をひとつかふたつに、ジャムをぬった、軽い食事）を食べていると、とつぜん新しい歌を思いついたのです。その歌は、こんなふうに始まります。

「歌えよ、ホー！　クマのすべてをかけて」

　それから、心のなかで思いました。「これは、いい出だしだぞ。だけど、あとはどうしよう？」そこで、「ホー」と2、3回歌ってみましたが、うまくいきません。「よし、それじゃ」と言います。「1行目を2回歌おう。うんと早く歌ったら、気がつかないうちに、3行目も4行目も歌ってるかもしれない。そしたら、いい歌になるよ。さあ、いくぞ」

---

* タンクン（expotition）：expedition（探検）の言いまちがい

Sing Ho! for the life of a Bear!
Sing Ho! for the life of a Bear!
I don't much mind if it rains or snows,
'Cos I've got a lot of honey on my nice new nose!
I don't much care if it snows or thaws,
'Cos I've got a lot of honey on my nice clean paws!
Sing Ho! for a Bear!
Sing Ho! for a Pooh!
And I'll have a little something in an hour or two!

He was so happy with this song that he sang it all the way to the top of the Forest.

Christopher Robin was sitting outside his door, putting on his Big Boots. As soon as Pooh saw the Big Boots, he knew that an Adventure was going to happen.

"Good morning, Christopher Robin," he called out.

"Hallo, Pooh Bear. I can't get this boot on."

"That's bad," said Pooh.

"Could you kindly lean against me? I keep pulling so hard that I fall over backwards."

Pooh sat down, pushed hard against Christopher Robin's back, and Christopher Robin pushed hard against Pooh's. Christopher Robin pulled and pulled at his boot until it came on.

■thaw 動解ける ■in an hour or two 1～2時間したら ■put on 身に着ける ■get ~ on ～を身に着ける ■lean against ～にもたれる ■back 名背中

クリストファー・ロビンが
北極へタンクンにいく

　歌えよ、ホー！　クマのすべてをかけて！
　歌えよ、ホー！　クマのすべてをかけて！
雨がふっても　雪がふっても　かまわない
ピカピカのお鼻に　ハチミツ　たっぷりついてるもん！
雪がふっても　雪がとけても　かまわない
きれいなお手々に　ハチミツ　たっぷりついてるもん！
　歌えよ、ホー！　クマのため！
　歌えよ、ホー！　プーのため！
1、2時間したら、何か一口いただくよ！

プーはこの歌がとても気に入ったので、森のてっぺんへ行くまで、ずっと歌っていました。

クリストファー・ロビンは、家の玄関のまえにすわって、大きな長靴をはいているところでした。その大きな長靴を見たとたん、これから冒険が始まるのだと、プーにはわかりました。

「おはよう、クリストファー・ロビン」と、プーは声をかけました。

「やあ、クマのプー。この長靴がはけないんだ」

「それは困ったね」と、プー。

「悪いけど、ぼくにもたれかかってくれないかな？　強く引っぱると、後ろにひっくりかえっちゃうんだ」

プーはすわって、クリストファー・ロビンの背中を強く押しました。クリストファー・ロビンもプーの背中を強く押します。クリストファー・ロビンは長靴を、思いきり強く引っぱって、やっとはくことができました。

"And that's that," said Pooh. "What do we do next?"

"We are going on an Expedition," said Christopher Robin, as he got up. "Thank you, Pooh."

"An Expotition?" said Pooh, excited. "I don't think I've been on one before. Where are we going on this Expotition?"

"Expedition, silly old Bear. It has an 'x' in it."

"Oh!" said Pooh. "I know." But he didn't really.

"We're going to discover the North Pole."

"Oh!" said Pooh again. "What *is* the North Pole?"

"It's just a thing you discover," said Christopher Robin, not sure himself.

"Oh! I see," said Pooh. "Are bears any good at discovering it?"

"Of course they are. And Rabbit and Kanga and all of you. That's what an Expedition means. A long line of everybody. You should tell the others to get ready. And we must all bring Provisions."

"Bring what?"

"Things to eat."

"Oh!" said Pooh happily. "I thought you said Provisions. I'll go and tell them." And he stumped off.

The first person he met was Rabbit.

■expedition 名探検　■all of you　あなたたちみんな　■get ready　用意する
■provision 名食料

クリストファー・ロビンが
北極へタンクンにいく

「さあ、はけたね」と、プー。「そのつぎは、何するの？」

「探検に乗りだすんだ」と、クリストファー・ロビンは言って、立ちあがりました。「ありがとう、プー」

「タンクン？」と、プーはわくわくしながら言いました。「ぼく、それには乗ったことがないや。タンクンに乗って、どこへ行くの？」

「探検だよ、おばかなクマさん。『ク』じゃなくて『ケ』が入るんだ」

「へえ！」と、プー。「うん、わかった」と言いましたが、本当はわかっていません。

「北極（ノース・ポール）をさがしにいくんだ」

「へえ！」と、プーはまた言いました。「北極（ノース・ポール）って、なあに？」

「これから発見するものさ」と、クリストファー・ロビンは言いましたが、自分でもよくわかっていないのです。

「へえ！　なるほど」と、プー。「クマって、それを発見するのがうまいかな？」

「もちろん。それに、ラビットも、カンガも、みんなもね。それが探検ってものだよ。みんなで長い列を作って行くんだ。ほかのみんなに用意するよう伝えてきて。それに、食料をもっていかなくちゃいけないよ」

「何をもっていくって？」

「食べるもの」

「ああ、そうか！」と、プーはうれしそうに言いました。「ぼく、きみが『ショクリョウ』って言ったと思ったんだ。じゃ、みんなに言いにいってくるよ」そして、プーはてくてく歩いていきました。

最初に出会ったのは、ラビットでした。

"Hallo, Rabbit," he said, "We're all going on an Expotition with Christopher Robin!"

"What is an Expotition?"

"A sort of boat, I think," said Pooh.

"Oh!"

"Yes. And we're going to discover a Pole, or maybe a Mole? Anyhow we're going to discover it."

"Are we?" said Rabbit.

"Yes. And we have to bring Pro-things to eat. Now I'm going to tell Piglet. Tell Kanga, please?"

He left Rabbit and hurried to Piglet's house. Piglet was at the door of his house, blowing happily at a dandelion, when Pooh appeared.

"Piglet," said Pooh excitedly, "we're all going on an Expotition, with things to eat. To discover something."

"To discover what?" said Piglet, nervously.

"Oh! just something."

"Nothing fierce?"

"Christopher Robin didn't say anything about fierce. He just said it had an 'x'."

■mole 名 モグラ　■anyhow 副 とにかく　■-thing 名 ～とかなんとかいうもの
■dandelion 名 タンポポ

「やあ、ラビット」と、プーは言います。「ぼくたちみんな、クリストファー・ロビンといっしょに、タンクンに乗るんだよ！」

「タンクンって、なんだよ？」

「ボートみたいなもんじゃないかな」と、プー。

「へえ、そうか！」

「うん。それで、ぼくたち、棒（ポール）をさがしにいくんだ。あれ、モグラ（モール）だったかな？　とにかく、それを発見しにいくんだよ」

「おいらたちが？」と、ラビット。

「うん。それで、ショクなんとかいう、食べものをもっていかなくちゃいけないんだ。さあ、ぼくはピグレットに言いにいってくるよ。きみはカンガに言ってくれる？」

プーはラビットと別れると、ピグレットの家へ急ぎました。ピグレットは家の玄関のところで、楽しそうにタンポポの綿毛を吹いていました。そこへ、プーがやってきました。

「ピグレット」と、プーは興奮しながら言いました。「ぼくたちみんな、タンクンに乗るんだよ。食べものをもってね。なんか発見しにいくんだ」

「発見って、何を？」と、ピグレットが不安そうに言います。

「えっと！　なんかだよ」

「凶暴なものじゃない？」

「クリストファー・ロビンは、凶暴だなんて言ってなかったよ。ただ、『ケ』[*]がついてるって言ってた」

＊『け』：an“x”（アネックス）と、necks（ネックス）をかけた言葉遊びを、日本語訳では『け』と『は』の言葉遊びに変えている

"It isn't their necks I mind," said Piglet earnestly. "It's their teeth. But if Christopher Robin is coming I don't mind anything."

Soon they were all at the top of the Forest, and the Expotition started. First came Christopher Robin and Rabbit, then Piglet and Pooh; then Kanga, with Roo in her pocket, and Owl; then Eeyore; and, at the end, in a long line, all of Rabbit's friends and family.

"I didn't invite them," explained Rabbit. "They just came. They always do. They can walk at the end, after Eeyore."

"I'm not all right with this," said Eeyore, "I didn't want to come on this Expo—what Pooh said. I only came because I was asked to. And if I am at the end of the Expo—what Pooh said—then let me *be* the end. But if, every time I want to rest I have to wave along all of Rabbit's friends and family, then this isn't an Expo—whatever it is—at all. It's simply a Confused Noise."

■neck 名 首　■earnestly 副 まじめに　■wave 動 ～を払いのける

「『け』のことなんか心配してないよ」と、ピグレットはまじめに言いました。「心配なのは、歯だよ。でも、クリストファー・ロビンが行くんだったら平気だね」

まもなく、みんなは森のてっぺんに集まりました。そして、タンクンが始まったのです。先頭にクリストファー・ロビンが立ち、ラビット、ピグレット、プーと続きます。それから、カンガとポケットのなかのルー、オウル、イーヨー。そして最後に、ラビットの友だちや親戚がずらずら並びました。

「おいらが誘ったわけじゃないぜ」と、ラビットは説明しました。「勝手に来ちゃったんだ。いつだって、そうなのさ。一番後ろで、イーヨーのあとから、ついてくればいいだろ」

「わしは、いいとは思わんね」と、イーヨー。「この、タン——プーが言っとったもの——に、乗りたくはなかったんじゃ。頼まれたから来ただけじゃよ。それに、もしわしがタン——プーが言っとったもの——の最後だったら、ちゃんと最後におらせておくれ。休憩したいと思うたんびに、ラビットの友だちや親戚を払いのけなきゃならんのなら、これはもう、タン——なんか知らんが——そんなものじゃないわい。ただの大騒ぎじゃ」

"I see what Eeyore means," said Owl. "If you ask me—"

"I'm not asking anybody," said Eeyore. "I'm telling everybody. We can look for the North Pole, or we can do something else. It's all the same to me."

There was a shout from the top of the line.

"Come on!" called Christopher Robin.

"Come on!" called Pooh and Piglet.

"Come on!" called Owl.

"We're starting," said Rabbit. "I must go." And he hurried to the front of the Expotition with Christopher Robin.

So off they went to discover the Pole. As they walked, they talked to each other about this and that. All except Pooh, who was making up a song.

"This is the first verse," he said to Piglet, when he had finished the song.

"First verse of what?"

"My song."

"What song?"

"Well, if you listen, Piglet, you'll hear it."

Pooh began to sing.

■all the same どちらでも同じことで ■each other 互いに ■except 前 ～を除いて

「イーヨーさんのおっしゃることはわかります」と、オウルが言います。「わたしにおたずねでしたら——」

「だれにも、たずねとらんよ」と、イーヨー。「みんなに言っとるだけじゃ。北極（ノース・ポール）をさがしてもいいし、ほかのことをしてもいい。わしには同じことじゃ」

列の先頭から、かけ声がしました。

「出発！」と、クリストファー・ロビンが声をかけます。

「出発！」と、プーとピグレットも声をかけます。

「出発！」と、オウルも声をかけます。

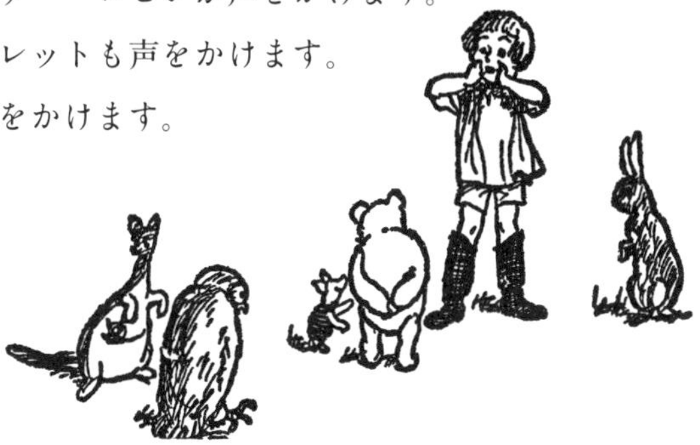

「始まるぞ」と、ラビット。「おいらも行かなきゃ」そして、クリストファー・ロビンのいるタンクンの先頭へ飛んでいきました。

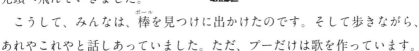

こうして、みんなは、棒（ポール）を見つけに出かけたのです。そして歩きながら、あれやこれやと話しあっていました。ただ、プーだけは歌を作っています。

「これが1番だよ」歌ができると、プーはピグレットに言いました。

「なんの1番？」

「ぼくの歌だよ」

「なんの歌？」

「うーん、きいたらわかるよ、ピグレット」

プーは歌いだしました。

They all went off to discover the Pole,
    Owl and Piglet and Rabbit and all;
It's a Thing you Discover, as I've been tole
    By Owl and Piglet and Rabbit and all.
Eeyore, Christopher Robin and Pooh
And Rabbit's relations all went too—
And where the Pole was none of them knew . . .
    Sing Hey! for Owl and Rabbit and all!

"Hush!" said Christopher Robin, turning to Pooh, "we're coming to a Dangerous Place."

"Hush!" said Pooh, turning to Piglet.

"Hush!" said Piglet to Kanga.

"Hush!" said Kanga to Owl.

"Hush!" said Owl to Eeyore.

■**tole** 動told《poleと韻をふむために語尾を落としてある》 ■**hush** 間 しっ、静かに

クリストファー・ロビンが
北極へタンクンにいく

みんなは行くよ　棒（ポール）を見つけに
　オウルに　ピグレットに　ラビットに　みんな
見つけたらわかるよ　きいただろ
　オウルに　ピグレットに　ラビットに　みんな。
イーヨーも　クリストファー・ロビンも　プーも
ラビットの親戚も　みんなで行くよ——
棒（ポール）はどこか　だれも知らない……。
　歌えよ、ヘイ！　オウルと　ラビットと　みんなのために！

「しっ！」と、クリストファー・ロビンが、プーをふり向いて言いました。「ぼくたち、危険なところに来てるんだ」

「しっ！」と、プーがピグレットをふり向いて言いました。

「しっ！」と、ピグレットがカンガに言いました。

「しっ！」と、カンガがオウルに言いました。

「しっ！」と、オウルがイーヨーに言いました。

14 "*Hush!*" said Eeyore in a terrible voice to all of Rabbit's friends and family, and "Hush!" they said to each other, until it got to the last one of all. And the last and smallest of Rabbit's friends and family was so sad to find that the whole Expotition was saying "Hush!" to *him*, that he hid his head in a hole in the ground. He stayed there for two days, and then went home. He lived quietly with his Aunt forever after that. His name was Alexander Beetle.

They arrived at a stream, and Christopher Robin saw how dangerous it was.

"It's the type of place," he explained, "for an Ambush."

"What sort of bush?" whispered Pooh to Piglet. "A gorse-bush?"

"My dear Pooh," said Owl proudly, "don't you know what an Ambush is?"

"Owl," said Piglet, crossly, "Pooh's whisper was a private whisper, and there was no need—"

"An Ambush," said Owl, "is a sort of Surprise."

"A gorse-bush can be a surprise," said Pooh.

"No, if people jump out at you suddenly, that's an Ambush," continued Owl.

■ambush 名 奇襲 ■gorse-bush 名 ハニエリシダ ■crossly 副 怒って

「しっ！」と、イーヨーがこわい声で、ラビットの友だちと親戚みんなに言いました。みんな「しっ！」と、たがいに言いあって、とうとう列の最後まで伝わりました。すると、いちばん後ろにいた、ラビットの友だちと親戚のなかで一番小さな子が、タンクン隊の全員から「しっ！」と言われたのだと思って、とても悲しくなり、頭を地面の穴に突っこんで隠れてしまいました。この子は2日間そこにいてから、家へ帰りました。それからは、おばさんといっしょに、いつまでも静かに過ごしたそうです。その子の名前は、アレクサンダー・カブトムシといいました。

みんなで小川まで来ると、クリストファー・ロビンは、そこがどれほど危険か見てとりました。

「こういうところは」と、説明します。「奇襲（アンブッシュ）がよくあるんだ」

「どんな茂み（ブッシュ）？」と、プーがピグレットにささやきました。「ハリエニシダの茂みかな？」

「おや、プーさん」と、オウルがえらそうに言います。「あなた、奇襲を知らないのですか？」

「オウル」と、ピグレットが怒って言いました。「プーは小さな声で、ぼくにだけ話したんだ。きみがそんなこと言わなくても——」

「奇襲というのはですね」と、オウル。「驚かせるたぐいのものですよ」

「ハリエニシダの茂みにも、驚かされることがあるよ」と、プーは言いました。

「いえ、だれかがとつぜん襲ってきたら、それを奇襲というのです」と、オウルが続けます。

Pooh, who now knew what an Ambush was, said that a gorse-bush had jumped at him suddenly one day when he fell off a tree.

"We are not *talking* about gorse-bushes," said Owl a little crossly.

"I am," said Pooh.

Not long after, they arrived at a place where they could sit on grass and rest. Christopher Robin called "Halt!" and they all sat down and rested.

"I think," said Christopher Robin, "that we should eat all our Provisions now. So we don't have to carry them anymore."

"Eat all our what?" said Pooh.

"Our food," said Piglet.

"That's a good idea," said Pooh, and he began to eat.

"Do you all have something?" asked Christopher Robin.

"All except me," said Eeyore. He looked round sadly. "Is anyone sitting on a thistle?"

"I think I am," said Pooh. "Ow!" He got up, and looked behind him. "Yes, I was."

"Thank you, Pooh." Eeyore moved to where Pooh was, and began to eat.

■grass 名 草　■halt 動 立ち止まる　■thistle 名 アザミ

クリストファー・ロビンが
北極へタンクンにいく

奇襲の意味がわかったので、プーはこう言いました。ある日、ぼくが木から落ちたら、ハリエニシダの茂みがとつぜん襲ってきたよ、と。

「わたしたちは、ハリエニシダの茂みの話をしているのではありません」と、オウルは少しむっとして言いました。

「ぼくは、してるよ」と、プー。

しばらくすると、草の上にすわって休憩できるような場所へつきました。クリストファー・ロビンが、「止まれ！」と声をかけたので、みんなすわって、ひと休みしました。

「ぼくの考えでは」と、クリストファー・ロビン。「いま食料を食べてしまったほうがいいと思う。そしたら、もう運ばなくていいからね」

「何を食べちゃうの？」と、プーが言いました。

「食べものだよ」と、ピグレット。

「それはいい考えだね」と、プーは言って、さっそく食べはじめました。

「みんな、食べものをもってる？」と、クリストファー・ロビンがききました。

「わし以外はな」と、イーヨーが言います。そして、悲しそうにあたりを見まわしました。「だれか、アザミの上にすわっておらんかのう？」

「ぼく、すわってるみたい」と、プー。「アイタッ！」プーは立ちあがって、後ろをふり向きました。「やっぱり、そうだった」

「ありがとうよ、プー」イーヨーはプーのすわっていたところへ行って、アザミを食べはじめました。

As soon as Christopher Robin had finished his lunch he and Rabbit walked away from the others.

"I didn't want the others to hear," said Christopher Robin.

"Of course," said Rabbit, looking important.

"I wondered—It's only—Rabbit, what does the North Pole *look* like?"

"Well," said Rabbit, "Now you're asking me."

"I did know once, but I forgot," said Christopher Robin.

"It's funny," said Rabbit, "I've forgotten too. But I also did know *once*."

"Maybe it's just a pole in the ground?"

"It must be a pole," said Rabbit, "because it's called a pole. And it must be in the ground, because where else can it be?"

"Yes, that's what I thought."

"The only thing," said Rabbit, "is, *where is it?*"

"That's what we're looking for," said Christopher Robin.

They went back to the others. Roo was washing his face and paws in the stream. Kanga explained to everybody proudly that this was the first time Roo had washed his face by himself.

■look important もったいぶった顔をする ■by oneself 自分で

クリストファー・ロビンが
北極へタンクンにいく

クリストファー・ロビンはお昼ごはんを終えるとすぐに、ラビットをつれて、みんなからはなれたところへ歩いていきました。

「ほかのみんなには、きかれたくなかったんだ」と、クリストファー・ロビンは言いました。

「そりゃ、もちろんさ」と、ラビットは、もったいぶって言います。

「あのね――ただ、ちょっとさ――ラビット、北極（ノース・ポール）って、どんなものだと思う？」

「ふうん」と、ラビット。「それを、おいらにききたいってわけか」

「ぼく、まえは知ってたんだよ。でも忘れちゃったんだ」と、クリストファー・ロビンが言います。

「へんな話だけど」と、ラビット。「おいらも忘れちゃったんだ。おいらも、まえは知ってたんだけどさ」

「もしかしたら、地面に刺さってる、ただの棒（ポール）なのかな？」

「棒（ポール）にはちがいないさ」と、ラビット。「だって、棒（ポール）って呼ぶくらいだから。それに、地面に刺さってるにちがいないね。だって、ほかのどこに刺さったらいいのさ？」

「うん、ぼくもそう思ってたんだ」

「ただ問題は」と、ラビット。「それが、どこかってことだな」

「ぼくたち、それをさがしてるんだよ」と、クリストファー・ロビンは言いました。

ふたりは、みんなのところへもどりました。すると、ルーが小川で顔と手を洗っていました。カンガがみんなに、ルーが自分で顔を洗うのはこれがはじめてだと、自慢げに話しています。

Suddenly, there was a squeak from Roo, a splash, and a loud cry of fright from Kanga.

"Roo's fallen in!" cried Rabbit, and he and Christopher Robin ran to the rescue.

"Are you all right, Roo, dear?" called Kanga, frightened.

"Yes!" said Roo. "Look at me swimming—" and down he went over the next waterfall into another pool.

Everybody was doing something to help. Piglet was jumping up and down and making "Oo, I say" noises; Owl was explaining that in a case of Sudden and Temporary Immersion the Important Thing was to keep the Head Above Water; Kanga was jumping along the bank, saying "Are you *sure* you're all right, Roo dear?" And Roo was answering "Look at me swimming!" Eeyore had turned round and hung his tail over the first pool that Roo fell into, and said, "Catch my tail, little Roo, and you'll be all right." Christopher Robin and Rabbit ran past Eeyore, and called out to the others in front of them.

■fright 名激しい驚き ■rescue 名救助 ■waterfall 名滝 ■pool 名水たまり ■I say あのね、ちょっと ■bank 名川岸 ■run past ～を通り過ぎる

するととつぜん、キーというルーの声がして、水しぶきがあがり、カンガが驚いて大きな悲鳴をあげました。

「ルーが落ちたぞ！」と、ラビットが叫び、クリストファー・ロビンといっしょに助けに走ります。

「大丈夫、ルーちゃん？」と、カンガが、おろおろして声をかけました。

「うん！」と、ルーは言います。「見て、ぼく泳いでるよ——」という間にも、つぎの滝を落ちて、べつの溜まりへ流されていきます。

だれもが、助けようと何かをしていました。ピグレットは飛んだり跳ねたりしながら、「おお、ああ」と声をあげています。オウルは、突発的かつ一時的な落水時に重要なことは、頭を水面上に出しておくことですよ、と説明しています。カンガは岸に沿って跳ねながら、「ほんとに大丈夫なの？　ルーちゃん？」と呼びかけています。そしてルーは、「見て、ぼく泳いでるよ！」と言いつづけているのです。イーヨーは後ろを向くと、ルーがはじめに落ちた溜まりに、しっぽをたらして言いました。「わしのしっぽに、つかまるんじゃ、ルーちゃんよ。そうすりゃ、安心じゃ」クリストファー・ロビンとラビットは、イーヨーのそばを走って通りすぎ、前にいるみんなに呼びかけました。

"Get something across the stream farther down!" called Rabbit.

Pooh was two pools below Roo. He stood with a long pole in his paws, and Kanga helped hold one end of it.

They held the pole across the pool. Roo drifted up against it, and climbed out.

"Did you see me swimming?" squeaked Roo. Kanga scolded him and rubbed him dry. "Pooh, did you see me swimming? That's called swimming. Rabbit, did you see what I was doing? Swimming! Christopher Robin, did you see me—"

But Christopher Robin wasn't listening. He was looking at Pooh.

"Pooh," he said, "where did you find that pole?" Pooh looked at the pole in his hands.

"I just found it," he said. "I thought it might be useful. I just picked it up."

"Pooh," said Christopher Robin in a serious voice, "the Expedition is over. You have found the North Pole!"

■farther 副もっと先に ■drift 動流れる ■scold 動叱る ■pick ~ up ～を拾う ■over 形終わって

「川下で、川に何かわたすんだ！」と、ラビットがどなります。

プーは、ルーのいるところより、ふたつ下の溜まりのそばにいました。手に長い棒をもって立ち、カンガがその片方のはしをもって支えました。

ふたりで、溜まりの上に棒をわたします。すると、ルーが流れてきて棒にぶつかり、川から這いあがってきたのです。

「ぼくが泳ぐの、見た？」と、ルーはキーキー声で言いました。カンガがルーを叱ってから、体を拭いてやります。「プー、ぼくが泳ぐの見た？　あれ、水泳っていうんだよ。ラビット、ぼくがやってたこと、見た？　水泳だよ！　クリストファー・ロビン、ぼくが——」

でも、クリストファー・ロビンはきいていませんでした。じっとプーを見ています。

「プー」と言います。「その棒（ポール）、どこで見つけたの？」

プーは、手にもっている棒（ポール）を見ました。

「見つけただけだよ」と言います。「役にたつかもって思ってね。それで拾ったんだ」

「プー」と、クリストファー・ロビンは、まじめな声で言いました。「探検は終わりだよ。きみが北極（ノース・ポール）を見つけたんだ！」

"Oh!" said Pooh.

Eeyore was sitting with his tail in the water when they all returned to him.

"Tell Roo to be quick," he said. "I don't want to complain, but my tail is getting cold."

"Here I am!" squeaked Roo.

"Oh, there you are."

Eeyore took his tail out of the water, and moved it from side to side.

"I thought so," he said. "It has lost all feeling."

"Poor old Eeyore! I'll dry it for you," said Christopher Robin. He took out a handkerchief and rubbed it dry.

"Thank you, Christopher Robin. You're the only one who seems to understand tails."

"Is *that* better?" asked Christopher Robin.

"It's feeling more like a tail now."

"Hullo, Eeyore," said Pooh, coming up to them with his pole.

"Hullo, Pooh."

"Pooh's found the North Pole," said Christopher Robin. "Isn't that lovely?"

■complain 動不平を言う ■here I am ここにいます ■from side to side 左右に
■hullo 間やあ ■lovely 形すてきな

クリストファー・ロビンが
北極へタンクンにいく

「ええっ！」と、プーが言いました。

みんなが元の場所にもどると、イーヨーがしっぽを水にたらしたまま、すわっていました。

「ルーに早くするよう、言っておくれ」と言います。「不平は言いたくないが、しっぽが凍えそうなんじゃ」

「ぼくはここだよ！」と、ルーが甲高い声を出しました。

「おや、そこにおったのか」

イーヨーは水からしっぽを出して、左右にふりました。

「思ったとおりじゃ」と、イーヨー。「まったく感覚がないわい」

「イーヨー、かわいそうに！　ぼくが乾かしてあげるよ」と、クリストファー・ロビンが言いました。そしてハンカチを出し、イーヨーのしっぽを拭きました。

「ありがとうよ、クリストファー・ロビン。しっぽのことがわかっておるのは、おまえさんだけのようじゃのう」

「どう、よくなった？」と、クリストファー・ロビンがききます。

「ああ、しっぽのような感じがしてきたわい」

「やあ、イーヨー」プーが棒（ポール）をもって、そこへやってきました。

「やあ、プー」

「プーが北極（ノース・ポール）を見つけたんだよ」と、クリストファー・ロビンが言いました。「すてきだろ？」

Pooh looked modestly down.

They stuck the pole in the ground, and Christopher Robin tied a message on to it:

NorTH PoLE
DICSovERED By
PooH
PooH FouND IT

Then they all went home. And I think, but I am not sure, that Roo had a hot bath and went straight to bed. But Pooh went back to his own house, and felt very proud of what he had done. So he had a little something to eat.

■modestly 副 謙遜して　■go straight to 〜に直行する

プーは照れて、うつむきました。

みんなで棒(ポール)を地面に立てて、クリストファー・ロビンが、それにメッセージを結びつけました。

北　極(ノース・ポール)
プーによって
ハックン*され
プーが　これを　みつけた

それから、みんなは家へ帰りました。そして、ルーは熱いおふろに入って、すぐに寝たのだと、わたしは思いますが、はっきりとはわかりません。でも、プーは家に帰ると、自分のしたことを、とても誇らしく思いました。そこで、何か一口食べたのでした。

＊ ハックン（DICSovER）：discover（発見）の書きまちがい

覚えておきたい英語表現

Chapter Seven

…as long as we *all* say it. (p.154, 下から4行目)
ぼくたちみんなで言うんならね。

[解説]「as long as＋主語＋動詞」で「〜する限り」という意味を表します。本文では「みんながそう言う限り」となっています。この文型は、例文（1）のように、時間を表す場合、本文や例文（2）のように条件を表す場合があります。また、（3）、（4）の「as far as＋主語＋動詞」は「〜する限り」という領域を表す表現です。

[例文] (1) I'll never forget her as long as I live.
（生きている限り彼女のことは決して忘れないでしょう）

(2) I can meet you as long as you come to my office in the morning.
（午前中にオフィスに来てくれるのなら、会うことができます）

(3) As far as I know, he is one of the greatest inventors in the world.
（私が知る限り彼は世界で最も偉大な発明家のひとりです）

(4) Either beef or pork will be okay as far as I'm concerned.
（私は牛肉でも豚肉でもどちらでも構いません）

Pooh gave a little cough and began. (p.158, 最終行)
プーは小さく咳払いをしてから、始めました。

[解説] 動詞本来の意味が薄まり、後ろに派生名詞を従え、その派生名詞が句の意味を表す脱辞書的構造については、take a look, have a lookですでに触れました。
ここでは、「give＋派生名詞」の言い方が出ています。「咳払いをする」という動詞のcoughが「咳払い」という名詞で使われ、giveの目的語になっています。

[例文] She gave me an angry look.
（彼女は怒った表情で私を見ました）

He gave her a big hug.
（彼は彼女をしっかりと抱きしめました）

I'll give you a call tonight.
（今夜電話します）

The yoga teacher told us to sit on the floor, give a stretch and give a yawn.
（ヨガの先生は彼は私たちに、床に座ってストレッチをして欠伸をするように言いました）

I wish I could jump like that,...（p.164, 下から5行目）
ぼくも、あんなふうに跳べたらいいなあ。

［解説］現在の事実に反して「〜だったらいいのになあ」と願望を述べるときは、「I wish＋仮定法過去」の形を取ります。また、過去の事実に反して「〜だったらよかったのになあ」と願望を述べる場合は、「I wish＋仮定法過去完了」の形になります。

［例文］I wish I knew the answer to the question.
（その問題の答えを知っていたらいいのになあ）

I wish I could speak English as well as you do.
（君と同じくらいうまく英語が話せたらいいのになあ）

I wish I had learned how to speak English when I was a college student.
（大学生のときに英会話を習っておけばよかったのになあ）

Before he knew it, Kanga began washing him.（p.168, 11行目）
気がついたときにはもう、カンガはピグレットを洗いはじめていました。

［解説］before 〜 know itは直訳すると「〜がそれを知る前に」ですが、「あっという間に」「いつの間にか」という意味で使われます。この形で覚えましょう。

覚えておきたい英語表現

［例文］ She used up three million yen before she knew it.
（彼女はいつの間にか 300 万円を使い果たしました）

You will be mad about him before you know it.
（あなたはあっという間に彼に夢中になるでしょう）

Jack looked over my English composition before I knew it.
（ジャックはあっという間に私の英作文を直してくれました）

動詞の目的語には不定詞も動名詞も取る動詞があります。begin以外には、like, love, hate, continueなどがあります。両者の違いについては、不定詞を取る場合は、「動作の開始」「未来の動作」に、動名詞を取る場合は「動作の開始と継続」「既存の動作」に重きが置かれるという説明がされることもありますが、ほぼ同じ意味を表すと考えてよいでしょう。

［例文］ I like reading detective stories.
（探偵小説を読むことが好きです）

She loves to play chess.
（彼女はチェスをすることが大好きです）

I hate to study math and chemistry.
（数学と化学を勉強することが嫌いです）

He continued studying in the library until 10 p.m.
（彼は午後 10 時まで図書館で勉強し続けました）

CHAPTER EIGHT

Did you see me swimming? (p.196, 7行目)
ぼくが泳ぐの、見た？

[解説] 「知覚動詞＋目的語＋現在分詞」の形で「〜が…しているのを知覚する」という意味を表すことができます。すぐ前にはlook at me swimmingが出てきましたが、これも同じ言い方と考えることができます。例文には、知覚動詞として、see以外に、hear（聞こえる）、watch（じっとみる）、feel（感じる）をあげておきます。

[例文] I heard someone knocking at the door.
（私は誰かがドアをノックしているのを聞きました）

I watched David kicking the ball.
（私はディビッドがボールを蹴っているのをじっと見ていました）

We felt the building shaking.
（私たちは建物が揺れているのを感じました）

I saw her smoking yesterday.
（私はきのう彼女がタバコを吸っているのを見ました）

※ I saw her smoke yesterday. なら、タバコを吸うのを最初から最後まで見ていたというニュアンスが伝わります。

Eeyore was sitting with his tail in the water when they all returned to him. (p.198, 2行目)
みんなが元の場所にもどると、イーヨーがしっぽを水にたらしたまま、すわっていました。

[解説] 前置詞のwithの後に語句を従えて、同時に起きている状況を表す表現法があります。これは「付帯状況」を描写する表現法と呼ばれています。withの後には、まず名詞が置かれます。その後には形容詞、分詞、前置詞句などが来ます。

覚えておきたい英語表現

［例文］ The girl was talking to me with tears in her eyes.
（その女の子は目に涙を浮かべて私に話していました）

He is eating lunch with his hat on.
（彼は帽子をかぶったまま昼食を食べています）

Don't talk with your mouth full.
（口に食べ物を入れたまま喋ってはいけません）

She was listening to classical music with her eyes closed.
（彼女は目を閉じてクラシック音楽を聞いていました）

He is standing with his arms folded.
（彼は腕を組んで立っています）

You're the only one who seems to understand tails.（p.198, 13行目）
しっぽのことがわかっておるのは、おまえさんだけのようじゃのう。

［解説］先行詞が「人」を表す名詞のときに使われる関係代名詞whoの用法です。先行詞にonlyがあるときは、関係代名詞のthatがよく用いられると説明されますが、ここではwhoが使われています。

日本語には関係代名詞はなく、名詞は「修飾語句＋名詞」の語順で修飾されます。一方、英語の場合は、whoに導かれた節が後ろから名詞を修飾します。語順は「名詞＋修飾語句」で、前置修飾に対して後置修飾と呼ばれています。

［例文］ Karen is the student who wants to see you.
（あなたに会いたがっている学生はカレンです）

We need someone who is fluent in English and Chinese.
（弊社は英語と中国語が流暢な人が必要です）

Terry is the only student who has been to Greece.
（ギリシャに行ったことがあるのはテリーだけです）

The gentleman who is talking there on the phone is Mr. Brown.
（あそこで電話している紳士がブラウンさんです）

Do you know the woman who wrote this novel?
（あなたはこの小説を書いた女性を知っていますか）

15

CHAPTER NINE

In which Piglet is entirely surrounded by water

It rained and it rained and it rained. In all of Piglet's three—or maybe four?—years of life, he had never seen so much rain. Days and days of rain.

"If only," he thought, "I had been in Pooh's house, or Christopher Robin's house, or Rabbit's house when it began to rain, then I would have some Company. But I'm here all alone, with nothing to do except wonder when it will stop." It would have been wonderful to talk with his friends. It wasn't much good when something exciting like a flood happened, if you couldn't share it with someone.

For it was rather exciting. Water had filled up and spilled out of ditches, streams, and even the river where they played. Piglet was beginning to wonder whether it would be coming into *his* bed soon.

■entirely 副すっかり ■all alone ひとりぼっちで ■flood 名洪水 ■fill up 満ちる
■spill out あふれでる ■ditch 名溝

第9章

ピグレットがすっかり水に囲まれる

雨が降って、降って、降りつづきました。ピグレットは、これまで生きてきた3年間——もしかしたら4年間？——のなかで、こんなにすごい雨を見たことがありませんでした。くる日も、くる日も、雨なのです。

「せめて」と、ピグレットは思いました。「雨が降りだしたときに、プーの家か、クリストファー・ロビンの家か、ラビットの家にいたらよかったのになあ。そしたら、仲間といっしょだったのに。これじゃ、ひとりぼっちで、することもなくて、いつ雨がやむのかなあって考えることしかできないや」

友だちと話せたら、どんなにすてきだったでしょう。洪水のように、ドキドキすることが起こっても、だれかといっしょでなくては、少しもおもしろくありません。

だって、かなりドキドキするような状況なのです。水が満ちて、溝や、小川や、みんなでいつも遊んでいる川からさえ、あふれだしています。ピグレットは、水がもうすぐ自分のベッドまで来るんじゃないかと、不安になってきました。

"It's a little Worrying," he said to himself, "to be a Very Small Animal Entirely Surrounded by Water. Christopher Robin and Pooh could escape by Climbing Trees, and Kanga could escape by Jumping, and Rabbit could escape by Burrowing, and Owl could escape by Flying, and Eeyore could escape by—by Making a Loud Noise Until Rescued, and here am I, surrounded by water and I can't do *anything*."

It went on raining and raining. Every day the water got a little higher, until it nearly reached Piglet's window . . . and still he hadn't done *anything*.

"I wonder what Christopher Robin would do?" he thought to himself.

Then suddenly he remembered a story Christopher Robin had told him. It was about a man on a desert island who wrote something in a bottle and threw it into the sea. Piglet thought that if he wrote something in a bottle and threw it in the water, perhaps somebody would come and rescue *him*!

He left the window and began to search his house. At last he found a pencil, a small piece of dry paper, and a bottle. He wrote on one side of the paper:

■burrow 動穴を掘る ■desert 形無人の ■perhaps 副もしかすると

「ちょっと心配だな」と、ピグレットはつぶやきました。「こんなに小さな動物が、すっかり水に囲まれるなんて。クリストファー・ロビンやプーだったら、木にのぼって逃げられる。カンガは跳ねて逃げられるし、ラビットは穴を掘って逃げられる。オウルは空を飛んで逃げられるし、それにイーヨーは――えーと、助けが来るまで、大声でわめいて逃げられるよ。なのに、ぼくはここで水に囲まれて、なんにもできないんだ」

雨はさらに降りつづきました。毎日、水位が少しずつ高くなり、とうとうピグレットの家の窓まで届きそうになりました……それでも、どうすることもできません。

「クリストファー・ロビンだったら、どうするかなあ？」と、ピグレットは思いました。

そのとき、はっと、クリストファー・ロビンからきいた話を思いだしました。無人島にいる男が、何かを書いてビンに入れ、海に投げこんだという話です。ピグレットはこう思いました。ぼくも何か書いてビンに入れて、水のなかに投げこんだら、だれかが助けにきてくれるかもしれない！

ピグレットは窓からはなれて、家のなかをさがしまわりました。そしてとうとう、えんぴつと、かわいた小さな紙きれと、ビンを見つけました。その紙の片面に、こう書きました。

HELP!
PIGLIT (ME)

and on the other side:

IT'S ME PIGLIT, HELP HELP!

Then he put the paper in the bottle, and he closed the bottle as tightly as he could. Piglet threw the bottle out of his window, as far as he could throw—*splash!*—and soon it was floating away. When Piglet couldn't see the bottle anymore, he knew that he had done all that he could to save himself.

"So now," he thought, "somebody else will have to do something. I hope they will do it soon." And then he gave a long sigh and said, "I wish Pooh were here."

* * *

■splash 名水しぶきの音 ■float away 流れて行く ■somebody else 他の誰か

たすけて！
ピグリット＊（ぼく）

その裏側には、こう書きました。

ぼくピグリットです。たすけて　たすけて！

それから、紙をビンに入れて、ふたをできるだけきつく閉めました。ピグレットは窓からそのビンを、できるだけ遠くへ投げました――バシャン！――しばらくすると、ビンは遠くへ流れていきました。やがてビンが見えなくなると、自分を救うためにできることは、もうぜんぶやったのだと思いました。

「さあ、これで」と思いました。「だれかが、きっと何かしてくれるよ。すぐにしてくれたら、いいんだけどな」そして、深くため息をついて言いました。「プーがここにいてくれたらなあ」

＊　＊　＊

＊ ピグリット（PIGLIT）：PIGLET（ピグレット）の書きまちがい

When the rain began Pooh was asleep. It rained, and it rained, and it rained, and he slept and he slept and he slept. He had had a tiring day. Remember how he discovered the North Pole? Well, he was so proud of himself that he asked Christopher Robin if there were any other Poles to be discovered.

"There's a South Pole," said Christopher Robin, "and I think there's an East Pole and a West Pole, though people don't like talking about them."

Pooh was excited when he heard this, and wanted to have an Expotition to discover the East Pole. But Christopher Robin had plans with Kanga, so Pooh went out to discover the East Pole by himself. I don't remember whether he discovered it or not, but he was so tired when he got home that he fell asleep in his chair in the middle of supper.

He dreamed that he was at the East Pole. It was a very cold pole full of snow and ice. He was sleeping in a beehive, but there was no room for his legs, so he had left them outside. Then Wild Woozles came and ate all the fur off his legs. The more they ate, the colder his legs got, until suddenly he woke up saying *Ow!*—and there he was, sitting in his chair with his feet in the water, and water all round him!

He splashed to his door and looked out...

■tiring 形疲れる ■though 副 ～だけど ■whether ~ or not ～であるかないか ■fall asleep 眠り込む ■supper 名晩ごはん ■beehive 名ハチの巣箱 ■room 名（空間的）余地

ピグレットがすっかり水に囲まれる

雨が降りだしたとき、プーは眠っていました。雨が降って、降って、降りつづくあいだ、プーは眠って、眠って、眠りつづけました。その日はとても疲れていたのです。プーがどんなふうに北極（ノース・ポール）を発見したか、みなさん、おぼえているでしょう？　プーはとても得意になって、ほかにも見つけるポールがないか、クリストファー・ロビンにきいたのです。

「南極（サウス・ポール）があるよ」と、クリストファー・ロビンは言いました。「それに、東極（イースト・ポール）や西極（ウェスト・ポール）もあると思うな。その話をしたがる人は、あんまりいないけどね」

プーはこれをきくと、わくわくしてきて、東極（イースト・ポール）発見のタンクンにいきたくなりました。でも、クリストファー・ロビンはカンガとの約束があったので、プーはひとりで東極（イースト・ポール）をさがしに出かけました。プーがそれを見つけたかどうか、わたしはおぼえていませんが、とにかく家に帰ったときには、もうへとへとだったので、晩ごはんを食べながら、椅子にすわったまま眠りこんでしまったのです。

プーは、東極（イースト・ポール）にいる夢を見ていました。そこは、雪と氷におおわれた、とても冷たいポールでした。プーはハチの巣のなかで眠っていましたが、足を入れるところがないので、外に出していました。すると、野生のウーズルがやってきて、プーの足の毛皮をぜんぶ食べてしまったのです。ウーズルが食べれば食べるほど、プーの足は冷たくなりました。とうとう、「わあ！」と言って、いきなり目がさめました――すると、プーは家で椅子にすわったまま、足を水につけていて、まわりは水浸しだったのです！

プーはバシャバシャと入口まで歩いていき、外を見ました……。

"This is Serious," said Pooh. "I must Escape."

So he took his largest pot of honey and escaped with it to a wide branch of his tree, high above the water. Then he climbed down again and escaped with another pot...and when he had finished Escaping, Pooh was sitting on his branch with ten pots of honey...

Two days later, Pooh was sitting on his branch with four pots of honey...

Three days later, Pooh was sitting on his branch with one pot of honey.

Four days later, Pooh was sitting on his branch alone...

And that morning, Piglet's bottle floated past him. Pooh cried "Honey!" and jumped into the water. He took the bottle, and struggled back to his tree.

"Bother!" said Pooh, as he opened it. "There is nothing here. What's this paper?"

■past 前 ～のそばを過ぎて ■struggle back to やっとのことで～に戻る

「これはたいへんだ」と、プーは言いました。「避難しなくちゃ」

そこで、プーは一番大きなハチミツのつぼをとりだし、それをもって、水よりずっと上にある、自分の木の太い枝へ避難しました。それからまたおりて、ほかのつぼをもって避難します……こうして避難が終わったとき、プーは10個のハチミツのつぼといっしょに、枝にすわっていました。

2日後、プーは4つのハチミツのつぼといっしょに、枝にすわっていました……。

3日後、プーはひとつのハチミツのつぼといっしょに、枝にすわっていました。

4日後、プーはひとりぼっちで、枝にすわっていました。

その朝、ピグレットのビンが、プーのそばを流れていったのです。プーは、「ハチミツだ！」と叫んで、水のなかへ飛びこみました。そしてビンをつかむと、やっとのことで枝までもどりました。

「まったくもう！」ビンをあけたとたん、プーは言いました。「なんにも入ってないや。あれ、この紙はなんだろう？」

He took it out and looked at it.

"It's a Missage," he said, "That letter is a 'P,' and 'P' means 'Pooh,' so it's a very important Missage for me. But I can't read it. I must find a Clever Reader like Christopher Robin or Owl or Piglet, and they will tell me what this missage means. Only I can't swim. Bother!"

Then he had an idea. I think that for a Bear of Very Little Brain, it was a good idea. He said to himself:

"If a bottle can float, then a jar can float. If it's a big enough jar, then I can sit on top of it."

So he took his biggest jar and closed it tight.

"All boats need a name," he said, "so I shall call mine *The Floating Bear.*" He dropped his boat into the water and jumped in after it.

After struggling with *The Floating Bear* for a while, Pooh finally lay on top of it, and paddled quickly with his feet.

■letter 名 文字　■only 接 だがしかし　■paddle 動 水をかく

プーは紙きれをとりだして、よく見ました。

「デンコン*だ」と言います。「この字は『プ』だ。『プ』は『プー』ということだから、これはぼくへの大事なデンコンなんだ。でも、ぼく読めないよ。クリストファー・ロビンか、オウルか、ピグレットみたいに、じょうずに読める人を見つけなきゃ。このデンコンに、なんて書いてあるのか読んでもらおう。あ、でも、ぼく泳げないや。まったくもう！」

そのとき、あるアイディアがひらめいたのです。頭のよくないクマにしては、なかなかいいアイディアだと、わたしは思いますよ。プーは、こうつぶやきました。

「もしビンが浮かぶんなら、つぼだって浮かぶよね。それがとても大きなつぼだったら、ぼくが上に乗れるよ」

そこで、一番大きなつぼをとり、ふたをきつく締めました。

「どんなボートでも名前がいるよね」と言います。「だから、このボートのこと、〈ぷかぷかクマ号〉って呼ぼう」プーはボートを水のなかに落とし、そのあとから飛びこみました。

しばらくのあいだ〈ぷかぷかクマ号〉と格闘したあと、プーはやっとその上にまたがって、足ですばやく水をかいて進んだのです。

＊ デンコン（missage）：message（伝言）の言いまちがい

16 Christopher Robin lived at the very top of the Forest. It rained, and it rained, and it rained, and so most of the time he stayed indoors. But every morning he went out with his umbrella to put a stick in the place where the water came up to, and every next morning he went out and couldn't see his stick any more. So he put another stick in the place where the water came up to, and then he walked home again. Each morning he had a shorter walk than the morning before. On the morning of the fifth day he saw water all round him. For the first time in his life, he felt that he was on a real island. It was very exciting.

It was on this morning that Owl flew over to say "How do you do?" to his friend Christopher Robin.

"I say, Owl," said Christopher Robin, "isn't this fun? I'm on an island!"

"The atmospheric conditions have been very unfavorable lately," said Owl.

"The what?"

"It has been raining," explained Owl.

"Yes," said Christopher Robin. "It has."

"However, the prospects are rapidly becoming more favorable. At any moment—"

"Have you seen Pooh?"

"No. At any moment—"

■very top てっぺん ■fly over 飛行する ■atmospheric 形大気の ■unfavorable 形好ましくない ■prospect 名予測 ■at any moment いまにも

クリストファー・ロビンは、森のてっぺんに住んでいました。雨が降って、雨が降って、雨が降りつづき、そのあいだほとんど家のなかにいました。でも毎朝、傘をさして出ていき、水が来ているところに小枝を刺しました。そして翌朝行くと、いつも小枝は見えなくなっているのです。そこで、ほかの小枝を水が来ているところに刺して、家に帰りました。朝ごとに、まえの朝よりも、歩く距離が短くなります。5日目の朝、すっかり水にとり囲まれていることに気がつきました。生まれてはじめて、ほんものの島にいると感じたのです。なんて、わくわくすることでしょう。

オウルが飛んできて、友だちのクリストファー・ロビンに「ごきげんよう」と言ったのは、その朝のことでした。

「ねえ、オウル」と、クリストファー・ロビンは言いました。「おもしろいだろ？　ぼく、島にいるんだよ！」

「最近の気象状態は、じつに好ましくありません」と、オウル。

「え、なんて？」

「雨が降りつづいているのです」と、オウルは説明しました。

「うん」と、クリストファー・ロビン。「そうだね」

「しかし、予測は急速に好ましいほうへ進んでおります。いまにも――」

「きみ、プーを見た？」

「いいえ。いまにも――」

"I hope he's all right," said Christopher Robin. "I've been wondering about him. I think Piglet's with him. Do you think they're all right, Owl?"

"I expect so. You see, at any moment—"

"Please go and see, Owl. I love Pooh very much, and he might do something silly. Do you see, Owl?"

"Yes," said Owl. "I'll go. I'll be back soon." And he flew off.

In a little while he returned.

"Pooh isn't there," he said.

"Not there?"

"He's *was* there. He *was* sitting on a branch of a tree outside his house with nine pots of honey. But he isn't there now."

"Oh, Pooh!" cried Christopher Robin. "Where *are* you?"

"Here I am," said a voice behind him.

"Pooh!"

They ran to each other and hugged.

"How did you get here, Pooh?" asked Christopher Robin.

"On my boat," said Pooh proudly. "I found a Very Important Missage in a bottle, and because I have water in my eyes, I couldn't read it. So I brought it to you. On my boat."

■you see いいですか、あのね ■fly off 飛んでいく ■hug 動 ～を抱きしめる ■get here ここに来る

「無事だったらいんだけど」と、クリストファー・ロビン。「ずっと心配してたんだ。ピグレットがいっしょだと思うけど。オウル、みんな無事だと思う？」

「そうであることを期待しておりますよ。いいですか、いまにも——」

「ねえ、見てきてよ、オウル。ぼくはプーが大好きなんだ。それに、何かばかなことをするかもしれないし。わかった、オウル？」

「わかりました」と、オウル。「いってきましょう。すぐにもどってきますから」そして飛んでいきました。

しばらくすると、オウルはもどってきました。

「プーはいませんよ」と、オウルは言いました。

「いないって？」

「以前は、いたのです。家の外の木の枝に、9個のハチミツのつぼといっしょに、すわっていました。でも、いまはいないのですよ」

「ああ、プー！」と、クリストファー・ロビンは叫びました。「いったい、どこにいるの？」

「ここだよ」と、後ろで声がしました。

「プー！」

ふたりは走りよって、抱きあいます。

「どうやって、ここまできたの、プー？」と、クリストファー・ロビンはききました。

「ボートでだよ」と、プーは得意そうに言いました。「ぼく、ビンに入った、とっても大事なデンコンを見つけたんだ。でも目に水が入ったから、読めなくてね。だから、もってきたんだよ。ボートでね」

With these proud words he gave Christopher Robin the missage.

"But it's from Piglet!" cried Christopher Robin when he read it. "We must rescue him at once! I thought he was with *you*, Pooh. Owl, could you rescue him on your back?"

"I don't think so," said Owl. "It is doubtful if the necessary dorsal muscles—"

"Then would you fly to him at *once* and say that Rescue is Coming? And Pooh and I will think of a Rescue and come as quick as we can." And so Owl flew off.

"Now then, Pooh," said Christopher Robin, "where's your boat?"

"There!" Pooh pointed proudly to *The Floating Bear.*

It wasn't what Christopher Robin expected. The more he looked at it, the more he thought what a Brave and Clever Bear Pooh was.

"But it's too small for the two of us," said Christopher Robin sadly.

"Three of us with Piglet."

■at once すぐに ■back 名背中 ■doubtful 形疑わしい ■dorsal muscles 背筋
■now then さて、それじゃあ

得意げに言いながら、クリストファー・ロビンにデンコンをわたしました。
「でも、これ、ピグレットからだよ！」伝言を読んだクリストファー・ロビンは、大声で言いました。「すぐ助けにいかなくちゃ！　ピグレットはきみといると思ってたよ、プー。オウル、ピグレットをきみの背中にのせて助けられない？」
「それは、むずかしいですね」とオウル。「疑わしいのは、それに必要な背筋があるかどうかということで――」
「じゃあ、すぐピグレットのところまで飛んでって、助けがくるよって言ってくれない？　プーとぼくは助ける方法を考えて、できるだけ早く行くから」そこで、オウルは飛んでいきました。
「さあ、それじゃ、プー」と、クリストファー・ロビン。「きみのボートはどこ？」
「そこだよ！」プーは鼻高々に〈ぷかぷかクマ号〉を指さしました。
それは、クリストファー・ロビンが予想もしていなかったものです。見れば見るほど、プーはなんて勇敢でかしこいクマだろうと思いました。

「でも、ぼくたちふたりが乗るには小さすぎるね」と、クリストファー・ロビンは、がっかりしたように言いました。
「ピグレットをいれて3人だよ」

"That makes it even smaller. Oh, Pooh Bear, what do we do?"

And then this Bear, Pooh Bear, Winnie-the-Pooh, F.O.P. (Friend of Piglet's), R.C. (Rabbit's Companion), P.D. (Pole Discoverer), E.C. and T.F. (Eeyore's Comforter and Tail-finder)—in fact, Pooh himself—said something so clever that Christopher Robin could only look at him with mouth open and eyes staring. He wondered if this was really the Bear of Very Little Brain that he knew and loved.

"We might go in your umbrella," said Pooh.

"?"

"We might go in your umbrella," said Pooh.

"??"

"We might go in your umbrella," said Pooh.

"!!!!!!"

For suddenly Christopher Robin saw that they might. He opened his umbrella and put its point downwards in the water. It floated but wobbled. When they both got in together, it wobbled no longer.

"I shall call this boat *The Brain of Pooh*," said Christopher Robin, and *The Brain of Pooh* sailed off.

■discoverer 名発見者　■comforter 名なぐさめる人　■stare 動見つめる
■downwards 副下に　■wobble 動ゆらゆらする　■sail off 出航する

「だったら、なおさら小さいや。ああ、クマのプー、どうしよう？」

すると、このクマ、クマのプー、ウィニー・ザ・プー、F. O. P.（ピグレットの友だち）、R. C.（ラビットの仲間）、P. D.（ポールの発見者）、E. C.でT. F.（イーヨーをなぐさめ、しっぽを見つけた者）——要するに、プーその人——が、とても利口なことを言ったので、クリストファー・ロビンは口をぽかんとあけ、目を大きくみはって、プーをただ見つめるばかりでした。これが本当に、自分がよく知っている大好きな、頭のよくないクマだろうかと思うほどでした。

「きみの傘に乗っていけるかも」と、プーは言ったのです。

「？」

「きみの傘に乗っていけるかも」と、プー。

「？？」

「きみの傘に乗っていけるかも」と、プー。

「！！！！！！」

そうだ、行けるかもしれない、と、クリストファー・ロビンは、とつぜん気づいたのです。そこで傘を広げ、先を下に向けて、水の上におきました。傘は浮きましたが、ゆらゆらしています。ふたりがなかに乗りこむと、もう揺れなくなりました。

「このボートを、〈プーのあたま号〉って呼ぶことにしよう」と、クリストファー・ロビンが言い、〈プーのあたま号〉は出発しました。

Later, Piglet might say that he had been in Very Great Danger but he was only in danger when Owl arrived and began telling a very long story.

It was about Owl's aunt who had once laid a seagull's egg by mistake, and the story went on and on, just like this sentence, until Piglet, who was listening out of his window, fell asleep and slipped slowly out of the window towards the water, when luckily, a sudden loud noise from Owl woke Piglet and gave him time to save himself and say, "How interesting!" when at last he saw the ship, *Brain of Pooh* (*Captain*, C. Robin; *1st Mate,* P. Bear) coming over to rescue him...

And as that is the end of the story, and I am very tired after that last sentence, I think I shall stop there.

■**laid** 動lay（産卵する）の過去　■**seagull** 名カモメ　■**by mistake** まちがえて　■**just like** ちょうど～のように　■**slip out** すべり落ちる　■**1st mate** 一等航海士

何年かのちに、ピグレットは自分がどれほどたいへんな危機にあったか、よく話したものですが、じつはほんの少し危険なだけでした。そこへオウルがやってきて、とても長い話をきかせはじめたのです。

それは、まちがえてカモメの卵を産んでしまったおばさんの話で、いつまでもいつまでも続いて、ちょうどこの文章のようなので、窓から顔を出してきいていたピグレットは、とうとう眠りこんでしまい、窓から水のなかへゆっくりとすべり落ちそうになったのですが、そのとき幸運にもオウルが大きな声を出したので目をさまし、あやうく間にあって体を引っこめ、「おもしろい話だね！」と言っていると、そのときついに、例の船〈プーのあたま号〉(船長C・ロビン、一等航海士P・クマ) がピグレットを助けにやってくるのが見えたのでした……。

さあ、このお話はこれでおしまいです。最後の文章で、わたしも疲れてしまったので、もうこのへんで終わることにしましょう。

17

CHAPTER TEN

In which Christopher Robin gives a Pooh Party, and we say good-bye

One day when the sun had returned to the Forest in the month of May, Christopher Robin whistled in his special way, and Owl came flying to see what he wanted.

"Owl," said Christopher Robin, "I am going to give a party."

"You are, are you?" said Owl.

"It's a special party. It's for Pooh, because of what he did when he saved Piglet from the flood."

"Oh, that's what it's for, is it?" said Owl.

"Yes, so please tell Pooh as quickly as you can, and all the others, because it will be tomorrow."

■give a party パーティーを開く

第10章

クリストファー・ロビンがプーのために
パーティーを開いて、みんなでさようなら

太陽が森にもどってきた5月のある日、クリストファー・ロビンが独特な吹き方で口笛を吹くと、オウルが飛んできて、なんのご用ですか、とききました。

「オウル」と、クリストファー・ロビンは言いました。「ぼく、パーティーを開くんだ」

「おや、そうなのですか？」と、オウルが言いました。

「特別なパーティーだよ。プーのためのね。ピグレットを洪水から助けたときに、プーがやったことを称えるためにするんだ」

「ほう、それがその理由というわけですね？」と、オウル。

「うん。だから、できるだけ早くプーに知らせてくれないかな。それから、ほかのみんなにも。だって、パーティーは明日だから」

"Oh, it will, will it?" said Owl, being as helpful as possible.

"So will you go and tell them, Owl?"

Owl tried to think of something wise to say, but couldn't, so he flew off to tell the others. The first person he told was Pooh.

"Pooh," he said. "Christopher Robin is giving a party."

"Oh!" said Pooh. Seeing that Owl wanted him to say something else, he said, "Will there be cakes with pink sugar icing?"

Owl didn't want to talk about cakes with pink sugar icing so he told Pooh what Christopher Robin had said exactly. Then he flew off to Eeyore.

"A party for Me?" thought Pooh. "How wonderful!" He wondered if all the other animals knew that it was a special Pooh Party, and if Christopher Robin had told them about *The Floating Bear* and *The Brain of Pooh*. He thought it would be awful if nobody knew what the party was for. The more he thought about it, the more worried he became. And his worry turned into a song. It was an

■think of ～を思いつく ■exactly 副 まったくそのとおりに ■awful 形 不愉快な
■turn into ～に姿を変える

「ほう、なるほど、そうなのですか？」オウルは、できるだけ役にたっているつもりで言いました。

「だから、知らせにいってくれる、オウル？」

オウルは何か気の利いたことを言おうと考えてみましたが、思いつかなかったので、みんなに知らせに飛んでいきました。最初に伝えたのは、プーでした。

「プーさん」と、オウルが言いました。「クリストファー・ロビンがパーティーを開きますよ」

「わあ！」と、プーは声をあげました。そして、ほかに何か言うのをオウルが待っているのに気づいて、こう言いました。「ピンク色の砂糖がかかったケーキもある？」

オウルは、ピンク色の砂糖がかかったケーキの話なんかしたくなかったので、クリストファー・ロビンが言ったことを、そのまま伝えました。それから、イーヨーのところへ飛んでいきました。

「ぼくのためのパーティー？」と、プーは考えました。「すごいや！」でもそれから、ほかの動物たちはみんな、これがプーのための特別なパーティーだと知っているのかな、と心配になってきました。クリストファー・ロビンはみんなに、〈ぷかぷかクマ号〉や〈プーのあたま号〉のことを、ちゃんと話してくれたでしょうか。もし、だれのためのパーティーか、だれも知らなかったら、がっかりだなあ、と、プーは思いました。考えれば考えるほど、心配になってきます。すると、その心配が歌になりました。それは、こんな歌です。

ANXIOUS POOH SONG

3 Cheers for Pooh!
(*For Who?*)
For Pooh—
(*Why what did he do?*)
I thought you knew;
He saved his friend from a wetting!
3 Cheers for Bear!
(*For where?*)
For Bear—
He couldn't swim,
But he rescued him!
(*He rescued who?*)
Oh, listen, do!
I am talking of Pooh—
(*Of who?*)
Of Pooh!
(*I'm sorry I keep forgetting*).
Well, Pooh was a Bear of Enormous Brain—
(*Just say it again!*)
Of enormous brain—
(*Of enormous what?*)

■cheer 名歓呼、バンザイ ■wetting 名ずぶぬれ ■keep forgetting いつも忘れる
■enormous 形非常に大きな

クリストファー・ロビンがプーのために
パーティーを開いて、みんなでさようなら

心配なプーの歌

プーのためにバンザイ三唱！
（だれのため？）
プーのため――
（へえ、プーが何をしたの？）
知ってるはずだよ
友だちを洪水から助けたのさ！
クマのためにバンザイ三唱！
（なんのため？）
クマのため――
泳げないのに
友だちを助けたのさ！
（だれを助けたの？）
ああ、きいて、ちゃんと！
プーの話をしてるのに――
（だれの話？）
プーのだよ！
（ごめん、すぐ忘れちゃう）
あのね、プーはとっても頭のいいクマで――
（もう一度言って！）
とっても頭のいい――
（とっても、何？）

Well, he ate a lot,
And I don't know if he could swim or not,
But he managed to float
On a sort of boat
(*On a sort of what?*)
Well, a sort of pot—
So now let's give him three hearty cheers
(*So now let's give him three hearty whiches!*)
And hope he'll be with us for years and years,
And grow in health and wisdom and riches!
3 Cheers for Pooh!
(*For who?*)
For Pooh—
3 Cheers for Bear!
(*For where?*)
For Bear—
3 Cheers for the wonderful Winnie-the-Pooh!
(*Just tell me, somebody—WHAT DID HE DO?*)

While this was going on inside Pooh, Owl was talking to Eeyore.

"Eeyore," said Owl, "Christopher Robin is giving a party."

■manage to なんとか～する ■hearty 形心からの ■for years and years 長年にわたって ■grow in ～に育つ

クリストファー・ロビンがプーのために
パーティーを開いて、みんなでさようなら

あのね、とってもたくさん食べたんだ
それで、泳げるかどうか知らないけど
ボートみたいなもので
なんとか浮いたのさ
(何みたいなもの?)
あのね、つぼみたいなもの——
だからさ、プーに心からバンザイ三唱
(だからさ、プーに心からそれを3つあげよう!)
そして願おう、いつまでも、そばにいてくれるように
そして元気で、かしこく、豊かであるように!
プーのためにバンザイ三唱!
(だれのため?)
プーのため——
クマのためにバンザイ三唱!
(なんのため?)
クマのため——
すばらしいウィニー・ザ・プーのために、バンザイ三唱!
(ねえ、だれか教えて——プーがいったい何をしたの?)

プーの頭のなかで、こんなことが起こっているころ、オウルはイーヨーに話しかけていました。

「イーヨー」と、オウルは言いました。「クリストファー・ロビンがパーティーを開きますよ」

"Interesting," said Eeyore. "I suppose they will send me things that have been thrown away. How Kind and Thoughtful."

"There is an Invitation for you."

"What's that?"

"An Invitation!"

Eeyore shook his head.

"You mean Piglet. The little one. That's Piglet. I'll tell him."

"No, no!" said Owl, getting quite cross. "Christopher Robin said 'All of them! Tell all of them.'"

"All of them, except Eeyore?"

"All of them," said Owl.

"Ah!" said Eeyore. "A mistake, of course. But I will come. Just don't blame *me* if it rains."

But it didn't rain. Christopher Robin had made a long table out of wood, and they all sat round it. Christopher Robin sat at one end, and Pooh sat at the other. In between them sat Owl, Eeyore, and Piglet on one side and Rabbit, Roo, and Kanga on the other.

Rabbit's friends and family sat on the grass, waiting and hoping that somebody would speak to them.

■**throw away** 捨てる ■**invitation** 名 招待 ■**get cross** イライラする ■**blame** 動 ～のせいにする ■**end** 名 (細長いものの) はし

「おもしろい」と、イーヨー。「どうせわしには、捨てたものでも送ってくるつもりじゃろう。ご親切で、思いやりのあることじゃ」

「あなたにも、ご招待が来ているのですよ」
「それは何かね？」
「ご招待！」
イーヨーは首を横にふりました。
「ピグレットのことを言っておるのじゃろう。あのおちびさんの、ピグレットじゃ。わしが伝えておこう」
「いいえ、そうではありません！」オウルは、しだいにイライラしてきました。「クリストファー・ロビンが、『みんなだよ！　みんなに知らせて』と言ったのです」
「イーヨー以外の、みんなかね？」
「みんなですよ」と、オウル。
「ははあ！」と、イーヨー。「まちがいじゃよ、もちろん。じゃが、行くとしよう。雨が降っても、わしのせいにせんでくれよ」
でも、雨は降りませんでした。クリストファー・ロビンが木で長いテーブルを作り、みんなはそれを囲んで席につきました。クリストファー・ロビンが片方のはしに、そしてプーが反対側のはしにすわります。ふたりのあいだの片側にオウル、イーヨー、ピグレットが、そして向かい側にラビット、ルー、カンガがすわりました。
ラビットの友だちと親戚は草の上にすわって、だれか話しかけてくれないかな、と思いながら待っていました。

It was Roo's first party and he was very excited. As soon as they sat down he began to talk.

"Hallo, Pooh!" he squeaked.

"Hallo, Roo!" said Pooh.

Roo jumped up and down in his seat and then began again.

"Hallo, Eeyore!" said Roo.

Eeyore nodded gloomily at him. "It will rain soon, see if it doesn't," he said.

Roo looked, and it didn't rain, so he said "Hallo, Owl!"—and Owl said "Hallo, my little fellow," in a kindly way.

Kanga said to Roo, "Drink your milk first, dear, and talk afterwards."

Roo, who was drinking his milk, tried to say that he could do both at once . . . and then he had to be patted on the back and dried for quite some time afterwards.

When they finished eating, Christopher Robin banged on the table with his spoon. Everybody stopped talking, except Roo, who was hiccuping.

■little fellow ぼうや ■at once 同時に ■pat 動 軽くたたく ■bang on ～を強くたたく ■hiccup 動 しゃっくりをする

ルーはといえば、生まれてはじめてのパーティーですから、とてもわくわくしています。みんなが席につくなり、おしゃべりを始めました。

「やあ、プー！」ルーは、キーキー声で言いました。

「やあ、ルー！」と、プーが答えます。

ルーは椅子の上でぴょんぴょん飛びはねて、それから、またしゃべりだしました。

「やあ、イーヨー！」と、ルー。

イーヨーはこちらを向いて、陰気にうなずきました。「もうすぐ雨になるじゃろう。ほら、見ておるがいい」と言います。

ルーは見てみましたが、雨は降っていません。そこで、また言いました。「やあ、オウル！」――するとオウルは、「やあ、かわいいぼうや」と、やさしく答えました。

カンガが、ルーに「先にミルクを飲んでしまいなさい、ぼうや、おしゃべりはあとでね」と言いました。

ミルクを飲んでいたルーは、どっちもいっしょにできるよ、と言おうとして……そのあと長いあいだ、背中をたたいてもらったり、体を拭いてもらったりしなければなりませんでした。

食事が終わると、クリストファー・ロビンが、スプーンでテーブルをたたきました。全員が話をやめましたが、ルーだけは、しゃっくりをしていました。

"This party," said Christopher Robin, "is a party because of what someone did, and we all know who it was. It's his party, and I've got a present for him. Here it is." Then he looked round and whispered, "Where is it?"

While he was looking, Eeyore cleared his throat and began to speak.

"Friends," he said, "I am happy to see you all at my party. What I did was nothing. Any of you—except Rabbit and Owl and Kanga—would have done the same. Oh, and Pooh. Piglet and Roo couldn't do anything because they are too small. I did not do it for a present but because I wanted to help. I feel that we should all—"

■here it is　こちらです

クリストファー・ロビンがプーのために
パーティーを開いて、みんなでさようなら

「このパーティーは」と、クリストファー・ロビンは言いました。「だれかがやったことを称えるためのパーティーです。そして、それがだれかは、みんなが知っています。その人のためのパーティーで、ぼくからのプレゼントもあります。さあ、これです」すると、クリストファー・ロビンはあたりを見まわして、つぶやきました。「あれ、どこだろう？」

クリストファー・ロビンがさがしていると、イーヨーが咳払いをして、話しはじめました。

「友よ」と、イーヨーは言いました。「みんな、わしのパーティーに来てくれて、うれしいことじゃ。わしのしたことなど、たいしたことじゃない。だれもが――ラビットとオウルとカンガ以外のだれもが――同じようにしたじゃろう。おっと、それからプーもじゃな。ピグレットとルーは小さすぎるから、できなくてあたりまえじゃ。ただ、わしはプレゼントがほしくてやったんじゃない。助けたいからやったのじゃ。わしが思うに、わしらはなすべきことは、どんなことでも――」

"What's Eeyore talking about?" Piglet whispered to Pooh.

"I don't know," said Pooh sadly.

"I thought this was *your* party."

"I thought so *too*. But I suppose it isn't."

"I'd prefer if it was yours rather than Eeyore's," said Piglet.

"So would I," said Pooh.

"AS—I—WAS—SAYING," said Eeyore loudly and sternly, "I feel that—"

"Here it is!" cried Christopher Robin excitedly. "Pass it down—it's for silly old Pooh."

"For Pooh?" said Eeyore.

"Of course it is. The best bear in all the world."

"I might have known," said Eeyore. "I can't complain. I have my friends. And somebody spoke to me yesterday."

Nobody was listening for they were all saying, "Open it, Pooh," "What is it, Pooh?" "I know what it is," "No, you don't," and other helpful comments. Pooh opened it as quickly as he could.

■prefer 動 ～をより好む ■rather than ～よりはむしろ ■sternly 副 きびしい口調で
■pass ~ down ～を伝えわたす

「イーヨーはなんの話をしてるの？」ピグレットがプーにささやきました。

「さあ、わからない」と、プーがしょんぼりして言いました。

「ぼく、これはきみのパーティーだと思ってたよ」

「ぼくもそう思ってた。でも、ちがうみたいだね」

「イーヨーのより、きみのパーティーのほうがよかったな」

「ぼくもだよ」と、プー。

「わしが――言って――おる――ように」と、イーヨーが声をはりあげ、きびしい口調で言いました。「わしが思うに――」

「あ、あった！」と、クリストファー・ロビンがうれしそうに叫びました。「これをわたして――おばかなプーさんにだよ」

「プーに？」と、イーヨーが言いました。

「もちろんさ。世界一のクマだよ」

「やっぱりのう、そうじゃったか」と、イーヨー。「じゃが、不平は言えん。わしには友だちがおる。それに昨日も、だれかが話しかけてくれたからのう」

でも、だれもきいていませんでした。みんなは、「あけてよ、プー」「なんなの、プー？」「ぼく、中身を知ってるよ」「うそ、知らないくせに」など、ほかにも役にたつ意見を口々に言っていたからです。プーは、できるだけ早く包みをあけました。

When Pooh saw what it was, he nearly fell down, he was so pleased. It was a Special Pencil Case. There were pencils marked "B" for Bear, "HB" for Helping Bear, and "BB" for Brave Bear. There was a knife for sharpening the pencils, and indiarubber for rubbing out anything you spelt wrong. There was a ruler for ruling lines, and inches marked on the ruler in case you wanted to know how many inches anything was. There were Blue Pencils, Red Pencils, and Green Pencils for saying special things. And they were all for Pooh.

"Oh!" said Pooh. "Thank-you."

When they had all said "Good-bye" and "Thank-you" to Christopher Robin, Pooh and Piglet walked home together in the sunset. For a long time they were silent.

"When you wake up in the morning, Pooh," said Piglet at last, "what's the first thing you say to yourself?"

"What's for breakfast?" said Pooh. "What do *you* say, Piglet?"

"I say, I wonder what exciting thing will happen *today*?" said Piglet.

■pleased 形うれしい ■sharpen 動とがらせる ■indiarubber 名消しゴム ■rub out こすって消す ■ruler 名定規 ■rule lines 線をひく

それが何かわかったとき、プーはひっくり返りそうになりました。それほどうれしかったのです。それは、特製の筆箱だったのです。なかには、クマ（ベア）の「Ｂ」や、助けるクマ（ヘルピング・ベア）の「ＨＢ」や、勇敢なクマ（ブレイブ・ベア）の「ＢＢ」の印がついた鉛筆が入っています。鉛筆をけずるナイフと、つづりをまちがえたらこすって消せる消しゴムもあります。線をひく定規もあって、ものの長さを計りたいときのために、目盛りがついています。特別なことを書くための、青鉛筆と、赤鉛筆と、緑の鉛筆も入っています。そして、これらがぜんぶ、プーのものなのでした。

「わあ！」と、プーは言いました。「ありがとう」

やがて、みんなが「さようなら」と「ありがとう」をクリストファー・ロビンに言うと、プーとピグレットは、夕焼けのなかをいっしょに歩いて帰りました。ながいあいだ、ふたりは何も言いませんでした。

「朝起きたらね、プー」と、ピグレットがやっと口を開きました。「まず最初に考えることって何？」

「朝ごはんは何にしよう、かな」と、プー。「きみはどう、ピグレット？」

「そうだな、今日はどんなわくわくすることがあるかなあ、って思うんだ」と、ピグレット。

Pooh nodded thoughtfully.

"It's the same thing," he said.

* * *

"And what happened?" asked Christopher Robin.

"When?"

"Next morning."

"I don't know."

"Could you think, and tell me and Pooh sometime?"

"If you wanted it very much."

"Pooh does," said Christopher Robin.

Christopher Robin sighed deeply, picked his bear up by the leg and walked toward the door. Then he turned and said, "Coming to see me have my bath?"

"Maybe," I said.

"Was Pooh's pencil case better than mine?"

"It was just the same," I said.

He nodded and went out...and in a moment I heard Winnie-the-Pooh—*bump*, *bump*, *bump*—going up the stairs behind him.

■better than ～よりもいい ■in a moment すぐに

プーは考えこむようにして、うなずきました。

「それって、同じことだね」と、プーは言いました。

＊　＊　＊

「それから、何があったの？」と、クリストファー・ロビンがききました。

「いつ？」

「つぎの朝」

「さあ、わからないな」

「ときどき考えて、ぼくとプーに話してくれる？」

「どうしてもききたいんならね」

「プーがききたいんだって」と、クリストファー・ロビンは言いました。

クリストファー・ロビンは、ふーっとため息をつくと、クマの足をつかんで拾いあげ、ドアのほうへ歩いていきました。それから、ふり向いて言いました。「ぼくがおふろに入るの、見にくる？」

「たぶんね」と、わたし。

「プーの筆箱、ぼくのよりよかった？」

「そっくり同じさ」

クリストファー・ロビンはうなずいて、部屋を出ていきました……するとすぐに、ウィニー・ザ・プーがあとについて階段をのぼっていく音が——バタン、バタン、バタン——ときこえたのでした。

覚えておきたい英語表現

CHAPTER NINE

Water had filled up… （p.208, 下から4行目）
水が満ちていました。

［解説］ water（水）は物質名詞に分類されています。物質名詞とは、明確な輪郭を持たない名詞で、普通は冠詞のa, anがその前に置かれることはありません。水のような液体は、容器を単位に用いることで数量化されています。例えば、a cup of coffee（コーヒー１杯）、a glass of beer（ビール１杯）、a bottle of wine（ワイン１瓶）などです。また、「多い」「少ない」という量はmuch, a lot of, a little, littleなどを用いて表します。

［例文］ Water consists of hydrogen and oxygen.
（水は水素と酸素から成り立っています）

I have three bottles of whiskey to declare.
（申告するウイスキーが３本あります）

May I have a coffee?
（コーヒーを１杯もらえますか）

※英語では、カップに入った１杯のコーヒーをイメージしているときは普通名詞化され、a coffee とするができます。もちろん a cup of coffee も使われます。

We have a lot of rain in June in Japan.
（日本では６月に雨がたくさん降ります）

液体以外の物質名詞の数量化の表現も見ておきましょう。

She put too much salt in the soup.
（彼女はスープに塩を入れ過ぎました）

I need two pieces of chalk.
（チョークが２本必要です）

Give me a few pieces of paper.
（紙を何枚かください）

I had two slices of bread for breakfast.
（朝食はパン２切れでした）

Do you have a lot of snow in Canada?
（カナダでは雪はたくさん降りますか）

A half pound of pork, please.
（豚肉を半ポンドください）

She bought three bars of soap for ten dollars.
（彼女は10ドルで石鹸を3個買いました）

> …and when he had finished Escaping, Pooh was sitting on his branch with ten pots of honey…（p.216, 4行目）
>
> こうして避難が終わったとき、プーは10個のハチミツのつぼといっしょに、枝にすわっていました。

［解説］ 動詞の目的語には動名詞のみを取る動詞があります。finishはその中の1つです。例文には、enjoy（楽しむ）、consider（考慮する）、practice（練習する）、admit（認める）、mind（嫌がる）をあげておきます。

［例文］ I enjoy listening to classical music before going to bed.
（私は寝る前にクラシック音楽を聞くのが好きです）

Are you considering changing your job?
（あなたは転職を考えているのですか）

You need to practice speaking English.
（あなたは英語を話す訓練をする必要があります）

He admitted knowing little about acid rain.
（彼は酸性雨についてほとんど知らないことを認めました）

Would you mind closing the window?
（窓を閉めていただけませんか）

意味上の主語が人称代名詞のときは、次のように所有格か、目的格になります。また、意味上の主語が人名の場合は、そのままか所有格になります。

Do you mind my smoking here?
（ここでタバコを吸ってもいいですか）

What's the use of me studying chemistry?
（私が化学を勉強して何になるのですか）

覚えておきたい英語表現

I like him staying here.
（彼にはここにいて欲しいです）

I appreciate Nicole［Nicole's］helping us.
（ニコールが私たちを助けてくれていることに感謝します）

... I have water in my eyes,...（p.222, 下から3行目）
目に水が入りました。

［解説］英語の文には主語が必要ですが、日本語は文脈から理解される場合には、主語を明示しないことがあります。この現象は、英語は主語として人間を際立たせて表現する傾向があるのに対して、日本語は主語を状況の中に埋没させて、状況中心に表現する傾向があるからだと説明されています。

［例文］I have run out of my savings.
（貯金が底をつきました）

Did you get a raise?
（給料はあがりましたか）

You've got a bump on your head.
（頭にこぶができていますよ）

How much money do you have with you?
（所持金はいくらですか）

I'm afraid we're running out of time.
（残念ですが時間がなくってきました）

CHAPTER TEN

I am going to give a party. (p.230, 5行目)
ぼく、パーティーを開くんだ。

[解説]「be going to + 動詞の原形」は、発話時点では既に決定していることやあらかじめ決定していることなどを表すときに使われます。自然現象など人間の意志とは無関係なことでも、まさに事象が発現しようとしているという意味を表すことができます。また、会話ではgoing toは「ガナ」「ゴナ」のように発音され、発音綴りは、gonnaになります。聞き取れるようにしておきましょう。

[例文] I am going to clean the bathroom.
(浴室を掃除します)[これから取り掛かるとき]
※「浴室を掃除します」とその場で掃除することを決めたときは、I will clean the bathroom. になります。

We are going to visit Hawaii in August.
(私たちは8月にハワイを訪ねる予定です)

My wife is going to have a baby.
(妻はもうすぐおめでたです)

Are you going to buy this smartphone?
(あなたはこのスマホを買うつもりですか)

Look at the sky! It's going to rain.
(空を見てみなさい。雨になりますよ)

How wonderful! (p.232, 下から7行目)
すごいや。

[解説]「How+形容詞/副詞+(主語+動詞)!」は、感嘆文と呼ばれ、「なんて〜なのだろう」と驚きなどの強い感情を表すことができます。「主語+動詞」は省略されることがあります。また、感嘆文には、「What a[an] +形容詞+名詞+(主語+動詞)!」の形もあります。

覚えておきたい英語表現

［例文］ How cold!
（なんて寒いんでしょう）

How time flies!
（時の流れはなんて早いのでしょう）

How kind of you to help me!
（手伝ってくれてありがとう）

What a mess!
（なんという散らかりようなの）

What an introduction to Yankee Stadium!
（ヤンキースタジアムへのなんて華々しいデビューなんでしょう）

※松井秀喜さんが 2003 年 4 月 8 日に、ヤンキースタジアムの開幕戦で満塁ホームランを放ったときの解説者の言葉です。

I don't know if he could swim or not. (p.236, 2行目)
泳げるかどうか知らないけど。

［解説］ ifは「～かどうか」という意味を表す接続詞です。「～ということ」を表す接続詞のthatが自明の内容を表すのに対して、ifは不明の内容を表します。whetherも「～どうか」という意味を表しますが、ifは動詞の目的語になる場合や、not sureなどの後に来る場合に使われるので、ifと置き換えられない場合があります。

［例文］ I'm not sure if he will help us.
（彼が私たちを助けてくれるかどうかはっきりわかりません）

I asked my parents if I could study abroad in Australia.
（オーストラリアに留学してよいか両親に尋ねました）

Whether you can speak English or not doesn't matter.
（あなたが英語が話せるかどうかは問題ではありません）

The question is whether he will cooperate with us or not.
（問題は彼が私たちに協力してくれるかどうかです）

When Pooh saw what it was, he nearly fell down. (p.246, 1行目)
それが何かわかったとき、プーはひっくり返りそうになりました。

［解説］ 副詞のnearlyは「近い」という意味のnearと同じように「近接」を表します。そこから、「ほとんど」「もう少しで〜するところ」という訳になります。本文のnearly fell downは「危うくひっくり返るところだった」という意味です。

［例文］ We've been living in Ottawa for nearly ten years.
（私たちはオタワに20年近く住んでいます）

Nearly thirty thousand people took part in the Honolulu Marathon last year.
（3万人近い人が去年ホノルルマラソンに参加しました）

I nearly missed the first train this morning.
（今朝はもう少しで始発電車に乗り損ねるところでした）

I nearly forgot. I won't be able to attend the lunch meeting tomorrow.
（もう少しで忘れるところでした。明日、ランチミーティングに出られません）

[IBC 対訳ライブラリー]
英語で読むクマのプーさん

2018年2月9日　第1刷発行
2019年3月16日　第2刷発行

原 著 者　A. A. ミルン

翻　　訳　牛原眞弓

英語解説　船田秀佳

発行者　浦　晋亮

発行所　IBCパブリッシング株式会社
〒162-0804 東京都新宿区中里町29番3号 菱秀神楽坂ビル9F
Tel. 03-3513-4511　Fax. 03-3513-4512
www.ibcpub.co.jp

印刷所　中央精版印刷株式会社

CDプレス　株式会社ケーエヌコーポレーションジャパン

Printed in Japan

ISBN978-4-7946-0524-5